U0925894

农产品品牌

创建路径与实操案例

王豪勇　袁　明　陈青松◎编著

中国市场出版社
China Market Press
·北京·

图书在版编目（CIP）数据

农产品品牌创建路径与实操案例 / 王豪勇，袁明，陈青松编著. —北京：中国市场出版社有限公司，2022.4

ISBN 978-7-5092-2201-0

Ⅰ. ①农… Ⅱ. ①王… ②袁… ③陈… Ⅲ. ①农产品-品牌战略-案例-中国 Ⅳ. ①F326.5

中国版本图书馆CIP数据核字（2022）第032937号

农产品品牌创建路径与实操案例

NONGCHANPIN PINPAI CHUANGJIAN LUJING YU SHICAO ANLI

王豪勇　袁　明　陈青松　编著

责任编辑：许寒　白琼
出版发行：中国市场出版社 China Market Press
地　　址：北京市西城区月坛北小街2号院3号楼（100837）
电　　话：编 辑 部（010）68033042　读者服务部（010）68022950
总 编 室（010）68020336　盗版举报（010）68020336
发 行 部（010）68021338　68020340　68053489
印　　刷：河北鑫兆源印刷有限公司
规　　格：170毫米×240毫米　16开本
印　　张：16.75　　**字　　数**：191千字
版　　次：2022年4月第1版　　**印　　次**：2022年4月第1次印刷
书　　号：ISBN 978-7-5092-2201-0
定　　价：68.00元

前 言

品牌化是农业现代化的重要标志。

目前，农产品市场的竞争已由有形市场的竞争转向无形市场即品牌的竞争。在市场经济中，各种农产品之间竞争十分激烈，主要是从营养价值、外观、产品价格等方面进行比拼。经过充分竞争后市场主体发现，那些有品牌的农产品相对于无品牌的农产品来说往往处于优势地位，更受到消费者的青睐，产品的附加值也更高。

作为农产品生产经营者参与市场竞争的重要手段和提高农业效益的重要方式，农产品品牌发挥着不可估量的作用。农产品品牌既是提升企业产品销售的有效手段，又是取得市场竞争优势的法宝，还是增加企业产品溢价的重要源泉。农产品品牌建设是一项系统工程，每一个环节都关乎品牌形象，从产品的生产、加工、包装、流通到营销，每一个环节都与品牌建设息息相关，每一个环节都非常重要。

经过长期的探索、发展和积累，我国一大批农产品尤其是地理标志农产品已经获得一定的知名度、美誉度和忠诚度，拥有固定的消费群体。在政府、协会、企业和广大农户的共同努力下，部分地区创建了一批知名农产品品牌，有的农产品品牌还走出国门，对我国现代农业的发展起到了重要的作用。

尽管如此，与美国、欧洲、日本等农业发达国家和地区相比，由于起步较晚，基础条件较差，我国农产品品牌建设体系尚不完善，仍处于起步阶段，表现在农业品牌众多，但杂而不亮，区域性特征明显，尤其是农产品贸易在国际贸易中所占比重并不高。我国在创建推广农产品品牌、实现品牌溢价、形成品牌效应等方面还有很长的路要走。

我国是个传统的农业大国，幅员辽阔，地理和气候条件多样，造就了众多的名优特色农产品，但多年来一直没有重视农业资源的开发和保护，导致农业的地域资源优势没有体现为经济价值。因此，在日趋激烈的市场竞争中，通过品牌创建来提升区域特色农产品的市场竞争力具有重要意义。

世界农业的竞争说到底是价值的竞争，农业产业价值分配呈现“微笑曲线”特征。随着科技的进步，在农业产业价值微笑曲线图中，农业产业链上游的育种、种植等环节价值越来越高，下游的农产品精深加工、营销渠道等环节价值也随着品牌附加值的提升而越来越高。

欧美和日本等发达国家和地区在农业发展的不同环节、不同层次以及不同阶段综合运用技术、金融、税收和法律等手段管理、支持、推动和建设品牌农业，从而实现农业的现代化发展。借鉴发达国家在品牌农业建设方面的成功经验，对我国发展品牌农业具有重要的意义。

为大力发展农产品品牌，国家出台了《农业知识产权战略纲要（2010—2020 年）》，鼓励农产品自主品牌创新，并提出了具有针对性的目标与措施。各地方也纷纷响应国家的政策，根据本地的情况各自出台了有关农产品品牌的发展计划，并制定了一系列的保障措施。通过各方的共同努力，我国农产品品牌建设取得了一定的成效。

本书重点介绍了我国品牌农业现状、品牌农业建设中存在的主要问题、农产品品牌价值与资产、农产品品牌打造策略、农产品区域公用品牌建设与推广、农产品地理标志以及发达国家的品牌农业建设经验。

本书汇集了国内外多个品牌农业成功案例，并对这些案例进行了深度剖析。同时，本书还就如何通过打造品牌农业推进我国乡村振兴、实现农业现代化提出了看法与见解；将品牌农业具体案例与理论融合，让读者能够更深刻地理解品牌农业，对行业人士研究、操作、推进我国现代农业具有较大的借鉴意义。本书可以作为相关政府决策部门、从事乡村振兴和现代农业的企业、社会机构等主体以及研究、操作品牌农业的专业人士参考。

2022 年 2 月 10 日

目录

第一章

品牌农业概况

我国品牌农业现状

品牌农产品经济价值和社会价值巨大，既能给农业生产经营者带来更大的经济效益，又能为农业尤其是现代农业的发展做出贡献。推广品牌农产品、发展品牌农业是现代农业企业的立足之本，是我国现代农业进步的必由之路。

1. 品牌农业的概念与内容

品牌农业是指农业生产经营者通过取得相关质量认证和品牌认证，提高农产品市场知名度、美誉度和忠诚度，从而获取较高经济效益的农业。品牌农业的初衷就是要改变传统农业的生产、加工和经营方式，通过引入现代工业化先进的管理思想、技术、品牌以及营销模式等，以全新的方式提高农业效益，发展现代农业，推进乡村振兴。

具体来说，品牌农业主要包括以下内容：

（1）标准化是品牌农业的重要基础，即采取“统一、简化、协调、选优”的原则，制定农业种养产前、产中、产后全过程标准。

（2）壮大农业经营主体，尤其是新型农业经营主体（专业大户、家庭农场、农民合作社、农业产业化龙头企业等），形成农业产业化组织，提高农业生产经营规模。

（3）农产品品牌建设是品牌农业的核心内容。农产品品牌包含驰（著）名商标、农产品知名品牌、“两品一标”认证（绿色食品、有机食品、农产品地理标志认证）等。

（4）促进农民增收是发展品牌农业的应有之义。品牌农业是强农富农兴农的重要举措。品牌农业对提高农产品品质和附加值、增加农民收入具有重要的作用，是带动现代农业发展的重要“引擎”。以黑龙江省五常市国家现代农业产业园为例，产业园初步构建“稻米观光＋稻米体验＋稻米加工＋稻米品鉴＋稻米营销”的四季全产业链开发体系，缔造五常稻米农业旅游品牌，一二三产业得到深度融合。2017年，五常大米品牌价值670.7亿元，位列地标品牌大米类全国第一；2019年，五常大米品牌价值达到677.93亿元，位列全国大米类第一位。2018年园内农民人均纯收入达到22928元，比当地农民平均水平高出30.2%。

2. 农业产业价值分配呈现“微笑曲线”特征

世界农业的竞争说到底是价值的竞争，农业产业价值分配呈现“微笑曲线”特征。随着科技的进步，在农业产业价值微笑曲线图中，农业产业链上游的育种、种植等环节价值越来越高，下游的农产品精深加工、营销渠道等环节价值也随着品牌附加值的提升而越来越高。

目前，世界农业发达国家如美国、荷兰、法国、日本等都处于农业价值“微笑曲线”的两端，这些国家拿走了农业产业链的大部分附加值（即上游的科技和下游的品牌）。进一步而言，经过数十年、上百年的积累，美国、欧洲、日本等农业发达国家和地区凭借其先进的农业生产技术，生产出高品质高标准的农产品，并在此基础上创建了大量国际知名的农产品品牌。而广大发展中国家由于农业基础薄弱、科技水平不高及品牌不强等，只能依靠廉价的劳动力和初级产品参与国际农业的分工，处于附加值最低的产业链中间环节。

3. 我国农业产业处于“微笑曲线”的底部

我国是传统的农业国。一直以来，我国农业技术比较落后，生产销售决策基本上依靠经验，谈不上科学决策，农民信息比较闭塞。以农业种植为例，我国存在一种怪现象，也是困扰农民的“麻烦事”：农产品歉收了亏损，丰收了也不赚钱。前者可以理解，后者问题出在什么地方呢？原因是丰收后农产品太多，再加上信息不畅，导致农产品销路不广、大量积压、价格下跌，结果农民仍然不赚钱。进一步分析：一是因为信息不通畅。一旦某年农民种植某类农产品赚钱了，第二年当地几乎全部的耕地都种植该类农产品，农产品产量过大，加上集中上市，供大于求，价格急剧下跌，农民损失很大。受到损失后，下一年农民几乎都不种该类农产品，结果农产品满足不了市场需求，价格暴涨，农民又后悔当年没有多种植。周而复始，这种现象几乎年年都在各地农村上演。二是因为农产品没有树立品牌。当农产品供应远远大于市场需求时，经常出现农产品低价出售仍无人购买的现象，甚至出现高品质的农产品直接烂在地里的现象（人工成本比销售价格还要高，收得越多亏损得越严重），而那些有品牌的农产品则很少出现滞销的现象。

下面介绍 × 县品牌农业发展现状。

【案例 1-1】

一、× 县品牌农业发展现状

（一）农产品品牌众多，有很高的知名度

× 县全县范围内现有农产品注册商标数 × 个，农产品品牌 × 个。其中：全国驰名商标 × 个，农产品“三品”认证 × 个（无公害农产品认证 × 个，绿色食品认证 × 个，有机食品认证 × 个）。该县生产的花生、梨、杂粮等虽然没有申报名牌（国家、省、市）产品，但在国内外有很高的知名度。该县生产的 ×× 牌梨在 2009 年省农展会上被评为金奖，×× 牌苹果梨被评为铜奖，×× 牌花生出口到日本、韩国、欧洲等国家和地区。

（二）大力推进优质农产品基地建设

该县已经建成优质农产品生产基地 × 万亩，其中：花生 × 万亩，梨 × 万亩，反季水果 × 万亩，杂粮 × 万亩（包括优质玉米和高粱）。

（三）优质农产品加工企业和专业生产合作社有较大发展

该县规模以上农业产业化龙头企业 × 家，年销售收入达 × 亿元。建立农业专业生产合作社 × 个，涵盖所有农业产业。

二、× 县品牌农业发展存在的问题和困难

（一）品牌农业企业规模偏小，产品有牌无量

该县品牌农业企业多数规模偏小，还没有形成规模化生产经营，虽然有自己的品牌，但销量并不高，市场占有率较低，这也是我国大多数农业地区的普遍现象。

（二）科技投入不高

要提高农产品的生产经营效益，一个关键的环节是要进行大量的科技投入。该县农产品科技投入不高，在农产品生产经营的关键环节，

如生产、加工、包装、冷藏等方面科技含量较低。

（三）产品有名无牌，品牌宣传不足

该县很多农业企业虽然有自己的产品名，但没有真正形成品牌，尤其是在品牌宣传、品牌包装、品牌推介等方面投入不高，绝大多数农业企业用于品牌宣传推广的经费尚不足销售收入的千分之一，无论是在报纸、期刊、电视等传统媒体，还是在网络等新兴媒体上都很少露脸，颇有“藏在深闺人未识”的意味，导致产品的知名度和美誉度不高，品牌价值没有得到充分体现，品牌效应没有得到充分发挥。

（四）品牌无形资产共享机制难以形成

该县农产品同类产品品牌较多，农业企业之间品牌共享意识差，品牌整合难度大，品牌无形资产共享机制难以形成。作为地方政府，应该采取有力措施，统一品牌进行市场竞争，即统一商标使用、统一质量标准、统一生产技术、统一产品包装、统一指导价格和统一对外宣传。

（五）市场单一，抗风险能力小

该县大部分农产品生产经营企业没有兼顾国内国外市场，营销渠道单一。一旦单个市场销售疲软，企业就会面临销售困难。

我国品牌农业建设中存在的主要问题

我国品牌农业发展较为缓慢，品牌农业建设主要存在以下问题：

1. 品牌农业的发展思路和战略不清晰

目前，我国很多地方对于如何发展品牌农业的思路不是很清晰，也没有制定明确的品牌农业发展战略。从地方政府的农业主管部门到从事农产品生产加工的企业和农民，普遍缺乏发展品牌农业的思想、办法和措施，即使是处于优势地位的农产品生产经营企业，也对品牌农业的战略地位和作用认知不足，大多停留在商标注册、广告宣传、产品促销等层面，而对于如何提高农产品品质、提高消费者美誉度和忠诚度等有利于农产品品牌价值的措施了解不够、理解不深、方法不多。

2. 政府部门对农业品牌建设支持力度不够

要实现农业的品牌化发展，需要政府部门的大力扶持，主要包括资金、税收、土地、人才、技术等方面的扶持。

由于我国农业基础条件较差，地方政府财力有限，对品牌农业很难提供足够的支持。例如，在农产品品牌管理方面，目前各地政府部门很少设置专门机构进行农产品品牌管理和农产品品牌推广。同时，地方政府制定的农业规章制度也很少涉及农产品品牌建设、推广、保护和管理等领域。

3. 农产品精深加工能力不足

传统农业之所以经济效益不高，一个重要的原因是农业产业链不长，主要集中于生产初级农产品，产业链下游没有精深加工，也没有形成品牌，因此农产品的附加值不高。虽然我国自然资源丰富、农业发展历史悠久，不乏优质、特色的农产品，几乎每个县域甚至乡镇都有属于自己的特色农产品，但长期以来，这些农产品只是以初级产品形态在市场上销售，对广大消费者而言很难与普通的农产品进行区分，导致优质、特色的农产品很难卖出高价，从而影响了优质农产品生产者的积极性。虽然有部分农业生产经营企业看到了农产品加工的价值所在，但由于科技含量不高，精深加工能力不足，因此产品的特质得不到充分体现，品牌认可度不高，附加值也处于很低的水平。

发展品牌农业的根本目的就是通过延长农业产业链条和改变传统农业的生产方式，提高农产品的附加值、增加农民的收入。

4. 品牌宣传和推广手段落后

与农业发达国家相比，我国品牌农业发展的时间并不长，无论是地方政府还是农业生产经营者，对于如何创建农产品区域公用品牌、企业品牌和产品品牌等仍处于摸索阶段。绝大多数农业生产经营者都是被动跟随市场行情和消费者行动，也就是“什么好卖生产什么”“什么价高生产什么”，而对于如何以品牌创造市场、引导消费者需求、产生更高的附加值等，没有新思维、新方法和新手段。

以大米行业为例。我国东北地区由于自然环境和气候条件独特，出产的大米品质普遍较好、营养价值普遍较高。近年来，地方政府和大米生产企业意识到了区域公用品牌的重要性，于是花重金打造区域公用品牌，希望通过建立区域公用品牌提高大米的知名度和附加值。然而，在建设区域公用品牌方面方法不多，且大都比较陈旧，多侧重于打广告、召开产品推介会等，钱花了不少，品牌推广的实际效果却不理想。市场调研显示，很多消费者反映只知道东北大米好吃，却不知道具体好在哪里，东北大米到底有哪些有益的功能，更不清楚不同地区产的大米在品质上有何差异，这充分说明我国大米品牌推广的精度和深度都还不够。

5. 农产品“柠檬市场”效应严重

“柠檬市场”效应是指在市场信息不对称的情况下，由于逆向选择所导致的劣等品逐渐占领市场，而优等品反被市场淘汰的现象。

农产品领域也存在“柠檬市场”效应，主要表现在以下三个方面：一是农产品种植的特点是可移植性高、复制性强（很多农产品除极端地域外，各地都可以种植），如果某地某类农产品知名度和美誉度高、价格高、销量好、受市场欢迎、品牌价值也高，那么与某地自然条件相似的地区就会纷纷种植这种农产品，最后再通过回流进该地、打着该地品牌的方式赚取高额的利润，消费者往往真伪难辨，这方面的例子不胜枚举。二是一些不法商人低价收购劣质的农产品，对其进行简单包装处理后，再与品质较好的农产品掺和在一起，打着优质农产品的旗号销售，消费者往往难以区分。此时不法商人只要在价格上做点文章（如有针对性地降价），消费者就会上当受骗，最终优质农产品的品牌受到伤害。三是农产品价格受供求关系的波动影响较大，部分企业和农户为了抢占市场先机，往往会提前采摘出售未成熟的农产品，而这些农产品往往品质不佳，从而影响了农产品的声誉。

总的来说，上述行为损害了消费者的利益，降低了农产品品牌在消费者心目中的形象，尤其会对品质较好的地理标志农产品造成冲击。

目前，我国正由传统农业向现代农业转变。从农业产业价值链的角度来说，我国急需在初级农产品产业科技含量、结构优化、良种培育、规模化等方面下功夫，同时需要在农产品标准化、精深加工和品牌化等方面发力。

发展品牌农业需要实施标准化

农业标准化就是遵循“统一、简化、协调、选优”的原则，对农业生产产前、产中、产后全过程制定标准。一方面，标准化是现代农业的重要基石，是促进科技成果转化为生产力、提升农产品质量安全水平、提高农业效率和农民收入的重要保证；另一方面，标准化是品牌农业发展的重要基础，对我国品牌农业发展具有重要的作用。

1. 我国重点农业项目标准化规定

目前，我国重点推进的农业项目，都对标准化生产经营有着明确的规定（见表 1–1）。

表 1–1　国家重点农业项目标准化规定

序号	农业项目类型	标准化规定
1	国家现代农业产业园	全面推行“一控两减三基本”。生产标准化、经营品牌化、质量可追溯，产品优质安全，无公害农产品生产全覆盖，绿色食品认证比重较高。绿色、低碳、循环发展长效机制基本建立。
2	农业产业强镇	壮大农业主导产业，依托镇域 1 ～ 2 个农业主导产业，着眼全产业链培育，支持建设规模化、标准化、专业化绿色生产基地。
3	中国特色农产品优势区	基本原则：一是坚持市场导向，瞄准市场消费需求，选择产业特色鲜明、市场潜力大、具有核心技术和独特工艺的特色产业，广泛吸引社会资本投入，提升特色产业竞争力；二是坚持标准引领，建立特色农产品优势区评价标准，对特色农产品生产、加工、仓储、物流、营销等环节进行标准化管理和评价，引领特色农产品产业化、规模化、品牌化发展；三是坚持品牌号召，根据资源禀赋和产业基础，突出区域、企业和产品特色，将资源向优势区、品牌企业、品牌产品集聚，辐射带动新型经营主体集群发展；四是坚持主体作为，着眼于特色农产品的产业整体开发和整体竞争力的提高，发挥新型经营主体的示范带动作用，完善特色农产品产业链，提升价值链；五是坚持地方主抓，从农业农村经济发展全局出发，指导地方编制规划，出台相关扶持政策，调动社会各界的积极性，大力发展特色产业。

续表

序号	农业项目类型	标准化规定
4	全国“一村一品”示范村镇	在一定区域范围内，以村为基本单位，按照国内外市场需求，充分发挥本地资源优势，通过大力推进规模化、标准化、品牌化和市场化建设，使一个村（或几个村）拥有一个（或几个）市场潜力大、区域特色明显、附加值高的主导产品和产业。“一村一品”示范村镇着力推动标准化生产、过程化控制，实现质量可追溯、去向可追踪、责任可追究，把质量和信誉凝结在产品中，打造“独一份”“特别特”“好中优”的乡土特色品牌。

2. 我国加快农产品标准化体系建设工作

近年来，我国加快农产品标准化体系建设工作，农产品品牌建设和保护取得了不错的成果。下面介绍黑龙江省“五常大米”品牌建设情况。

【案例 1–2】

黑龙江省五常市是闻名全国的“中国优质稻米之乡”。近年来，五常市政府部门不断完善五常大米溯源防伪体系和五常大米产前、产中、产后环节标准体系，五常大米品牌建设和保护工作取得了显著成效。

在种植方面，五常市大力开展五常大米标准体系建设工作，制定了 8 方面标准、27 个流程、99 道工序，引导农民按照不同标准种植“绿色”“有机”“欧盟有机”等高品质水稻，生产更高品质的五常大米；在生产加工方面，对企业水稻收购工作强化管控，打击使用域外水稻冒充五常水稻、生产加工“五常大米”的违法违规行为；在市场流通方面，持续开展五常大米打假维权专项整治行动，打击线上、线下五常大米生产经营企业存在的商标侵权、冒用地标、虚假宣传等违法行为，打击掺混调和违法违规行为。相关部门整合五常大米网与五常臻米网，建设新的“五常大米网”，并增加了溯源产品展示和线上销售功能，强化主销渠道的线上销售能力。

2017 年 6 月，农业部、财政部启动了国家现代农业产业园申请创建和遴选评审工作，经过县（市、区）申请、省级推荐、实地核查、现场答辩等公开竞争选拔程序，并按程序报批后，遴选出第一批创建国家现代农业产业园名单。作为第一批创建的国家现代农业产业园，五常市国家现代农业产业园总面积 45 万亩，水稻生产核心区共涉及 10 个乡镇 38 个行政村，人口 30.6 万。产业园以实现水稻优质、高产、高效为目标，重点加强智能化催芽、标准化育苗大棚、标准化模式栽培、全程机械化生产、绿色生物防控等项目建设。产业园集水稻智能浸种催芽、智能大棚育秧、科技农业展示、农机化服务于一体，育秧工厂、农机库、良种展示推广区、水稻技术推广展示区等设施完备。产业园包括数字农业示范园 5 万亩、有机精准农业种植基地 1.2 万亩。园内已实现绿色水稻种植全覆盖、有机水稻种植面积 20 万亩，有机食品认证个数达到 59 个，绿色食品认证个数达到 58 个，绿色、有机认证农产品比重达 100%。

五常市国家现代农业产业园推进农村一二三产业融合发展，以让农民分享二三产业增值收益为核心，实现标准化生产、加工、经营。园区探索并推广科学模式，如由企业一次性流转土地到第二轮土地承包期，企业建立标准化基地进行标准化生产，保证了园区的粮质粮源，既提高了产品的质量，又提高了农民收入（被流转土地的农民一部分获得租金；一部分返租倒包土地，开展专业化种植获得生产收益；一部分优先进入农业生产经营企业务工获得工资收益；一部分发展农村三产获得经营收益）。又如，由企业提供生产资料和种植规程，农户自主种植按订单价格卖给企业，即农民实行标准化种植，企业实行定制式收购。这种方式的特点是企业与农民建立长期稳定的合作关系，有诸多优点：一是解决了农户的销售问题，二是解决了企业的大米采购问题，三是保证了大米的品质，四是提升了产品品牌价值，企业和农户都获得产品品牌价值逐年提升带来的溢价收入。

2019 年，五常大米品牌价值达到 677.93 亿元，位列全国大米类第一位。

下面再介绍湖南省浏阳市沿溪镇国家农业产业强镇建设情况。

【案例 1–3】

沿溪镇建立了稳定的产业、生产和经营体系，全面推行“一控两减三基本”，积极推广果蔬标准化、智能化、现代化生产，完善农产品质量可追溯、安全检测等制度，实现品牌化、规范化管理，质量监测合格率达 99% 以上。沿溪镇与浏阳市农产品品牌运营中心管理平台紧密合作，利用农情掌握、平台展示、在线交易和品牌推广等信息功能，强化农业生产过程记录，创建区域公共品牌“沿溪蔬菜”。全面普及绿色、无公害种植技术，对绿色无公害农产品进行认证，增加农产品附加值，提高农民的收益，扩大影响力。农药、化肥使用量实现零增长，农业生产实现无害化，全镇农业生产与资源生态保护协同发展。

3. 我国已基本建立农产品质量标准体系框架

经过多年的发展和建设，我国已基本建立起以农业国家标准为龙头、农业行业标准为主体、地方农业标准为基础、企业标准为补充的全国农产品质量标准体系框架。

数据显示，截至2020年初，全国已组织制定农业国家标准691项，农业行业标准1613项，地方农业标准7000多项。其中，新制定无公害农产品标准334项，绿色食品标准79项，有机食品标准4项，已基本建立起全国农产品质量标准体系框架。

农产品质量标准体系框架的建立，为农产品质量安全检测和认证打下了坚实的基础。一方面，农业农村部已在全国规划建设部级农产品质检中心280个，省级农产品（含投入品）质检中心30个，地（市）级农产品检验机构439个，县级农产品质检站1122个，基本建立起部、省、县三级配套、互为补充、常规检验与快速检验相结合的农产品质量安全检验检测体系；另一方面，我国农产品认证尤其是"两品一标"（绿色食品、有机食品，农产品国家地理标志）认证进程明显加快，成效显著。

4. 用标准化打造农产品品牌和质量

农业生产产前、产中、产后全过程标准化是建设农产品品牌的前提和基础。以爱媛橙为例，在橙子的生产环节，选种、施肥、光照时间、绿色防控等都严格按照标准执行，以保证橙子的糖度比和水分含量都一样。即使存在橙子大小不一的情况，后期也会进行产后分选、精细分级等，这样到达消费者手中的橙子甜度一样、口感一样、大小也一样。正是有了标准化的生产经营，爱媛橙的品质大大提升，品牌影响力不断增强。

推广品牌农业，要注重用标准化提高农产品的质量，真正实现从生产、加工、物流、销售各环节的质量控制。以山东省金乡县国家现代农业产业园为例。金乡县是全国著名的“大蒜之乡”，种植大蒜历史悠久，早在东汉初年，农民就有种蒜的习俗。这里自然条件优越，土地肥沃，再加上当地农民广泛采用先进的种植技术，所产大蒜个大、皮白、肉黏味香、辣味适中、营养丰富，具有很高的食用价值。金乡县 94 万亩耕地中，有 70 万亩常年种植大蒜。“金乡大蒜”被国家市场监督管理总局认定为“中国驰名商标”、山东省首批知名农产品区域公用品牌，品牌价值达到 202.58 亿元。金乡县国家现代农业产业园立足“金乡大蒜”这一金字招牌和大蒜主导产业，运用全产业链发展思维，通过规模化种植、标准化生产、精深化加工、品牌化营销，在园区构建起集大蒜生产、加工、科技、营销于一体的全产业链经营模式。

第二章

农产品品牌价值与资产

农产品品牌价值构成

现代品牌理论认为，品牌是一个以消费者为中心的概念，没有消费者就没有品牌。所以营销界对品牌资产的界定倾向于从消费者角度加以阐述。是否使用某一品牌，消费者会有不同的反应。也就是说，品牌能给消费者带来超越其功能的附加价值，也只有品牌才能产生这种市场效应。总之，品牌能够提升消费者的感知价值，反过来也可促进品牌价值的提升。

1.“品牌价值”的提出

20 世纪 80 年代，大卫 · 艾克提出了“品牌价值”的概念，同时也推出了多个品牌建设的方法和理念。其中，在行业内得到广泛认同的是品牌建设的四个阶段，即：品牌知名—品牌认知—品牌联想—品牌忠诚。这个理论为品牌建设提供了可复制的模式，即一个成功的品牌，首先应该具备比较高的知名度，然后是消费者对该品牌的内涵、个性等等有较充分的了解，并且这种了解带来的情感共鸣是积极的、正面的，也就是说该品牌具有比较高的美誉度。最后，在消费者使用了产品并认可了产品的价值后，还会重复购买，最终成为该品牌忠诚的客户。

具有较高知名度和美誉度的品牌农产品销售价格，一般来说要比普通农产品的价格高 1/5 以上，如盐池滩羊、枞阳媒鸭、紫阳富硒茶等商品在使用地理标志商标后，价格上涨了 3 ～ 6 倍，品牌价值提升显著。

2. 农产品品牌价值的四个层次

农产品品牌发展至今，已经形成了产品价值、产地价值、产业价值、文化价值四个层次的价值形态。具体来说，一是以品种论优劣的产品价值，二是以地域特色为主的产地价值，三是以生产经营标准化和产业现代化为主的产业价值，四是以文化、生活和消费理念为主的文化价值。

（1）产品价值。

农产品的产品价值主要通过品种优势、品质优势、营养功能、口感风味和产品科技等方面体现。例如烟台苹果、平谷大桃、赣南脐橙等分别代表了苹果、大桃、脐橙等水果品种。在农产品品牌缺乏的时代，品种往往成为人们印象中的品牌，也是人们购买农产品时的优选，尤其是高端消费人群对农产品的品种更为看重。也就是说，由于农产品品牌的不足，好品种就意味着好产品、好品牌。

（2）产地价值。

正所谓“橘生淮南则为橘，生于淮北则为枳”。与工业品不同，农产品的生产受自然环境和地理气候的影响很大。随着经济和社会的快速发展，人们的消费观念发生了很大的变化，市场上逐渐形成了产地的概念。消费者在购买农产品的时候，往往会询问农产品的产地。可以说，具有产地优势的农产品往往受到消费者的青睐。农产品的产地价值主要通过产地优势、产地认证和产地认同等方面来体现。

近年来，我国大力推进特色农产品优势区（一般以县、区为单位申请，同一产品也可以地级市为单位申请）、“一县一业”和“一村一品”等建设。以“一村一品”为例。“一村一品”是指在一定区域范围内，以村为基本单位，按照国内外市场需求，充分发挥本地资源优势，通过大力推进规模化、标准化、品牌化和市场化建设，使一个村（或几个村）拥有一个（或几个）市场潜力大、区域特色明显、附加值高的主导产品和产业。截至2020年11月，农业农村部先已先后认定10批3200多个资源禀赋集中、主导产业突出、发展特色鲜明、品牌效应明显的“一村一品”示范村镇。

（3）产业价值。

农产品产业价值主要通过产品商品化率、品牌集中度这两个方面来体现。产业科技化、规模化、标准化、专业化、品牌化程度越高，基于优质初级农产品的精深加工产业链越完善，消费者对农产品产业的认知价值就越高。

以新西兰奇异果产业为例。其产业链条长、标准化程度高，奇异果采用先进分选设备，不仅能按照大小尺寸进行不同等级的分选，而且能够将产品按照甜度筛选，并根据欧洲人、亚洲人不同口感喜好，将不同的产品投入适宜的市场。人们对新西兰奇异果的印象不仅在于好吃和营养价值高，而且包括其高标准严要求，故品牌忠诚度大大提高。

（4）文化价值。

农产品生产经营者要善于挖掘农产品品牌的历史、地理、风俗等文化特征，并形成农产品的特色文化。农产品文化价值主要通过产品文化、产地文化、产业文化等三个方面来体现。随着科学技术的不断发展，很多农产品无论是在口感、外观上，还是营养功能、品质上差别都越来越小。因此，农产品品牌发展到最后，一定要代表某种文化和生活方式，创造文化价值，这样才能真正在消费者心中形成差异化印象。

那么，应该如何创建农产品的文化价值？显然，通过品牌建设可以很好地激发农产品的文化价值。

下面介绍法国葡萄酒如何创建品牌文化价值。

【案例 2-1】

法国对农产品生产、加工、物流、销售等各个环节都有着严格的规定，如法律上对香槟葡萄从种植土壤到品种，再到酿造工艺都进行了规定，只有用香槟葡萄按照传统香槟酒酿造工艺酿造出来的气泡葡萄酒才可以称为香槟酒，不符合要求的只能称为气泡酒或气泡葡萄酒。高品质葡萄酒给法国带来了巨大的利益。

除了葡萄酒自身的品质基础外，政府机构的支持与管理对法国葡萄酒品牌的推广也发挥了巨大的作用，法国食品协会和农业部通过在多个国家和地区举办法国食品展览来倡导“法式生活方式”，每年还邀请不同国家的酒文化爱好者参加品酒大赛，以各式各样的活动向世界传播法国酒文化的魅力，传播法国农业的文化氛围。可以说，法国的葡萄酒文化是伴随法国的历史与文明成长和发展起来的。葡萄酒文化已渗透到法国人宗教、政治、文化、艺术及生活的各个层面，与人们的生活息息相关。作为世界政治、经济与文化大国，法国葡萄酒文化也影响着全世界人的生活方式与文化情趣。

品牌资产核心要素

随着经济社会的快速发展，越来越多的企业认识到品牌能够给企业带来巨大的经济利益和强大的竞争力，同时品牌还是一种宝贵的资产。

对于企业而言，品牌主要有两种价值，一种是心理学、行为学上的价值，另一种是收入与利润上的财务价值，这两种价值共同构成了企业的无形资产。作为农产品生产经营企业重要的无形资产，在企业的精心维护和大力推广下，农产品品牌既可以获得广大消费者的喜爱，又可以引领时尚的消费价值观和激发新的消费潜力，从而帮助企业提高市场竞争力、拓展市场份额和获得更大的利润。

1. 品牌资产的定义

品牌资产是 20 世纪 80 年代在营销研究和实践领域出现的一个重要概念。20 世纪 90 年代以后，Aaker（1991），Kapferer（1992），Keller（1993）等人先后提出并完善了基于消费者的品牌权益（customer-based brand equity）概念。在中文语境中，通常用“品牌资产”（而不是品牌权益）指代 brand equity。

品牌资产是指赋予产品或服务的附加价值。一方面，品牌资产反映在消费者对有关产品的想法、感受以及行动的方式上；另一方面，品牌资产反映在品牌所带来的价格、市场份额以及盈利能力上。“品牌资产”一词的关键在于“资产”，它更多是会计学上的含义。和其他易于理解的有形资产不同，品牌是一种无形资产。因此，品牌除了本身具有经济价值外，还可以给企业带来超额收益，是能够为企业创造经济价值的一种重要资源。

品牌资产主要是由企业通过长期的品牌战略管理在消费者心智上产生的品牌知识与品牌形象所致，也就是说，品牌的力量存在于消费者心中，是消费者随着时间的推移对一个品牌的感受、认知和体验。

2. 品牌资产的五个维度

从品牌资产的角度讲，一共有五个维度，分别是品牌知名度、品质认知度、产地联想、品种联想和品牌忠诚度。

（1）品牌知名度。

Keller 认为品牌知名度是消费者对于品牌的回忆度与认知绩效，并将品牌知名度区分为品牌识别与品牌回想。品牌知名度是指潜在购买者认识到或记起某一品牌是某类产品的能力，它涉及产品类别与品牌的联系。品牌知名度被分为三个明显不同的层次：

一是品牌识别。品牌知名度的最低层次是品牌识别，这是根据提供帮助的记忆测试确定的，如通过电话调查，给出特定产品种类的一系列品牌名称，要求被调查者说出他们以前听说过哪些品牌。品牌识别虽然是品牌知名度的最低层次，但在购买者选购时却是至关重要的。

二是品牌回想。通过让被调查者说出某类产品的品牌来确定品牌回想，这只是“未提供帮助的回想”。与确定品牌识别不同的是，不向被调查者提供品牌名称，要确定回想的难度更大。品牌回想往往与较强的品牌定位相关联，且能左右消费者的购买决策。当消费者在购买商品时，往往首先想到有哪些品牌，然后从这些想到的品牌中选择一个适合自己的。品牌进入消费者回想中，能够从容地进入消费者预选品牌的行列，极大地提升消费者选择品牌的可能性。

三是第一提及知名度。这是一个特殊的状态，是品牌知名度的最高层次。第一提及知名度是指消费者有相关购买需求时，第一时间想到的品牌。例如当消费者购买手机时第一时间想到“苹果”，苹果就占据了消费者心中手机的第一品牌；消费者购买茶叶时第一时间想到“西湖龙井”，西湖龙井就占据了消费者心中茶叶的第一品牌。第一提及知名度是品牌知名度的最高境界。第一提及知名度意味着该品牌在人们心目中的地位高于其他品牌。人们在市场中面对琳琅满目的同类消费品时，会毫不犹豫地选择这种品牌的产品。企业如果拥有这样的主导品牌，就具备了强有力的竞争优势。可口可乐前总裁曾骄傲地说道：如果可口可乐在世界各地的厂房被一把大火烧光，只要可口可乐的品牌还在，一夜之间它会让所有的厂房在废墟上拔地而起。毫无疑问，可口可乐通过建立起强大的品牌“护城河”，让企业品牌形象深入人心。

（2）品牌认知度。

品牌认知度衡量的是消费者对品牌内涵及价值的认识和理解程度。品牌认知是公司竞争力的一种体现，有时会成为一种核心竞争力，特别是在大众消费品市场，各竞争对手提供的产品和服务的品质差别不大，这时消费者会倾向于根据对品牌的熟悉程度来决定购买行为。

需要指出的是，品牌知名度和品牌认知度是两个不同的概念，但很多消费者并不清楚，主要是被某些策划人员或广告公司误导了。广告公司做广告有多种创意方式，如果本来是要提高品牌知名度，结果创意了一个品牌认知的广告，这个认知就无法实现，主要的原因是产品还处于成长阶段，需要先被消费者知道（知名度）然后才能被认知（认知度）。企业产品品牌没有知名度是很难有认知度的。

（3）产地联想。

产地联想对产品品牌来说十分重要，尤其是对农产品而言更是如此，主要原因是特色农产品与地理环境（土壤、气候、阳光等）有着紧密的关联。以茶叶为例，不同区域的土壤、气候等地理条件不同，再加上制作工艺的差别，就形成了不同的茶叶品质，即使同一品种的茶叶在不同地区生产出来也会有差异。提到乌龙茶，人们首先联想到的产地是福建武夷山和安溪等，而武夷山和安溪生产的乌龙茶在品质和口感方面也存在较大的差别。农产品生产经营企业需要在产地联想方面有意识地影响消费者，在既有认知上强化产地联想。

（4）品种联想。

品种联想是指消费者对产品品种的联想。仍以茶叶为例，茶叶的品种非常多，依据色泽及制作工艺的不同，茶叶可以分为绿茶、黄茶、白茶、青茶（乌龙茶）、红茶、黑茶六大类。绿茶是我国产量最大的一类茶叶，其花色品种之多居世界首位。不同品种的茶叶发酵工艺和原料不同，茶叶形态会呈现较大差异，其功效也有区别。因此，不同的消费者在选择茶叶时，会有不同的品种联想。

（5）品牌忠诚度。

品牌忠诚度是品牌价值的核心，由五级构成：第一级是无品牌忠诚者，这一层消费者会不断更换品牌，对品牌没有认同，对价格非常敏感，哪个品牌的价格低就选哪个。许多低值易耗品、同质化行业和习惯性消费品都没有什么忠诚品牌。第二级是习惯购买者，这一层消费者忠于某一品牌或某几个品牌，有固定的消费习惯和偏好，购买时心中有数，目标明确。如果竞争者有明显的诱导，如价格优惠、宣传、促销等，就会转而购买其他品牌。第三级是满意购买者，这一层消费者对原有品牌已经相当满意，而且产生了品牌转换风险忧虑，即购买另一个新品牌担心有风险。第四级是情感购买者，这一层消费者对某品牌已经有一种爱和情感，该品牌是他们情感与心灵的依托，不易被取代。第五级是忠诚购买者，这是品牌忠诚的最高境界，消费者不仅对某品牌产生了情感，而且引以为骄傲。

3. 品牌资产的两个层次

品牌资产是一座金字塔，在这座金字塔中，最终能够给品牌主带来丰厚利润、获取更多市场份额的是品牌忠诚度和品牌溢价能力这两大资产。品牌忠诚度和品牌溢价能力属于结果性的品牌资产，是在品牌知名度、认可度、品牌联想这三大品牌资产创建后的产物。

（1）浅层品牌资产。

品牌资产中最基础的是品牌知名度和品质认可度，这是浅层品牌资产。需要指出的是，拥有这两种品牌资产仅仅是一个品牌成功的基础，并不能构成竞争者难以复制的优势。

（2）深层品牌资产。

深层品牌资产包括品牌美誉度、品牌忠诚度和品牌溢价能力。品牌美誉度能够为企业带来差异化的竞争优势，品牌忠诚度和品牌溢价能力给品牌主带来更多市场份额和丰厚的利润（主要是财务贡献）。进一步而言，国际级品牌都是忠诚度高和溢价能力强的强势品牌，我国品牌大多数都处于浅层品牌资产阶段，因此成为国际级品牌的关键是打造深层品牌资产。

4. 品牌资产的特点

（1）品牌资产既是无形的也是有形的。

在品牌构建中，品牌资产是灵魂，是企业生存与发展不可或缺的核心。一方面，品牌资产是无形的，是一种认识、一种信念和一种力量，或者说是一种潜移默化的影响；另一方面，品牌资产是有形的，体现在产品溢价和企业经济利益方面。

在品牌资产形成的过程中，“消费者扮演着重要的角色，消费者所欣赏的，所忠诚的，所依赖的，慢慢就会形成对品牌的依附，强化企业的品牌资产”。

（2）品牌资产以品牌名称为核心。

一种产品在没有名字之前，是没有什么品牌资产可言的。如果产品没有名字，企业就无法有针对性地进行传播和推广，消费者无法准确地发现自己想要购买的产品，购买后即使体验很好也无法对产品进行表述和传播，而只知道这是某一“品种”，如西红柿、苹果、柑橘、猕猴桃。

例如，某农业公司主要种植西红柿，该公司十分重视西红柿的品质，希望凭借产品品质打开市场，以品质取胜。因此，该公司完全按照绿色、有机的标准生产西红柿，自然生产成本也比较高。然而，在该公司生产的西红柿推向市场后，并没有引起消费者的更多关注。相反，出于生产成本的原因，该公司的西红柿价格要比普通的西红柿高，销售反而比不过用过化肥和农药的普通西红柿。

这是为什么呢？是消费者对绿色、有机的西红柿需求度不高，是公司的产品定价过高，还是其他别的原因？

对此，该农业公司聘请专业机构进行调研并深入分析，后来发现，消费者对该公司优质西红柿不买账、销售情况不理想的原因，既不是公司的产品战略（以品质取胜）有问题，也不是当地消费者对绿色、有机的西红柿需求不高（相反，某农业公司所在的城市为工业城市，经济比较发达，消费者对农产品的质量要求普遍很高，对绿色、有机的农产品需求量很大），更不是产品定价过高（市场终端价格只比普通的西红柿每斤高二三毛钱，价格因素不明显）；而是该农业公司只有企业品牌观念而没有产品品牌意识，没有给自己公司的产品起名字（以为企业名称就是产品名称），导致该农业公司生产的高品质西红柿和其他普通西红柿混在一起销售。在产品都没有名字、外表也差不多（农产品的典型特征是从外表看不出产品品质优劣）的情况下，消费者当然是哪个便宜就买哪个了。

可以说，产品品牌命名是品牌资产形成的前提。在一家公司里，一个强有力的产品品牌还是一面旗帜和一种精神象征，它能吸引广大员工并能鼓励员工形成一种积极向上的信念和行为。

孔子说："名不正则言不顺，言不顺则事不成。"一个好的名字，是一个企业、一种产品拥有的永久性的精神财富。一个产品如果没有名字，就没有什么品牌资产可言。给一个品牌起什么样的名字对企业非常重要，品牌命名是品牌资产形成的前提。

1）产品品牌命名的原则。

从实践来看，品牌命名主要遵循以下几个原则：一是合法性原则。合法是指产品品牌命名要符合国家法律法规和社会公序良俗，从而能够受到法律的有效保护。二是易读易记原则。品牌是要让消费者知悉的，品牌名只有易读易记才能高效地发挥其识别功能和传播功能。那些识别度差、不易记住的品牌名，在品牌建设和推广上面临的困难会很大。因此，在对品牌命名时要做到简洁、独特、新颖、响亮等，引起消费者好的联想，让消费者一下子就记住这个品牌名，为品牌未来的推广打下坚实的基础。三是暗示产品特点原则。企业要根据产品的特点、功能、形态等属性来命名，让消费者从名字上就能够看出它是什么产品，能够满足自己什么样的需求，能够为自己提供什么样的服务。

2）产品品牌命名的方法。

概括来说，产品品牌命名主要有以下几种方法：

一是地域品牌命名法，即将产品品牌与地名联系起来，使消费者从对地域的信任产生对品牌的信任，例如五常大米、西湖龙井。地域命名法的前提是这个地方自然条件优越、地理环境独特，所生产的产品品质优秀，从而能够为某种特色农产品背书。

二是时空品牌命名法，即将相关的历史渊源作为产品品牌命名的要素，使消费者对该品牌产生正宗的认同感。以普洱贡茶为例。贡茶是古代中国朝廷用茶，专供皇宫享用，在中国有着悠久的历史。数千年来，贡茶对茶叶生产和茶叶文化影响巨大，在消费者心中形成了一定的认同感。普洱贡茶就是其中的典型代表。

三是目标品牌命名法，即将品牌与目标客户联系起来，进而使目标客户产生认同感，例如娃哈哈饮料。

四是人名品牌命名法，即将人名、明星或企业老板的名字作为产品品牌名称，充分利用人名含有的价值，促进消费者认同产品。例如“王守义十三香”，这个民族品牌众人皆知。王守义老先生于 1984 年创立了王守义十三香有限公司，王守义十三香在 2011 年 3 月被商务部认定为

“中华老字号”。

五是中外品牌命名法，即运用中文和字母或两者结合起来为产品品牌命名，使消费者对产品增加“洋”感受。

六是数字品牌命名法，即借用人们对数字的联想效应，提升品牌的知名度。我们常见的有 999（药业）、505（神功元气袋）等。

七是直接用产品功效来给产品品牌命名，使消费者通过品牌对产品功效产生认同，例如碧生源常润茶。

八是价值品牌命名法，即把企业的追求凝练成语言，使消费者能够感受到企业的价值观念，从而产生品牌联想。

九是形象品牌命名法，即指运用动物、植物或自然景观为产品品牌命名。运用形象法命名品牌可使消费者产生联想与亲和的感受，提升品牌认知度。

十是企业品牌命名法，即将企业名称作为品牌的名称。运用企业名称法为产品品牌命名，有利于产品品牌与企业品牌相互促进，达到有效提升企业形象的目的。

品牌资产价值

品牌资产价值是对品牌作为一种资产以及一种权益的价值量化。一个品牌资产价值的高低会使其在以下市场活动中显现差异：更能影响新的消费者及留住旧的消费者；给予消费者更充分的购买理由及使用后更多的满足感；品牌资产价值高的品牌能够支持较高的价位；品牌资产价值高者能够提供更多的成长及品牌延伸机会；品牌资产价值高者面对竞争的反应空间更大，时间更充分。

1. 品牌资产价值构成

品牌资产价值由品牌溢价、品牌联想、品牌关系和品牌认知四部分构成。具体来说，这四部分之间的关系为：一是品牌溢价与购买意愿、品牌传播意愿均不相关，不存在明显作用关系。专家认为，消费者参与是品牌溢价的必要条件，品牌溢价是企业营销活动创造出来的结果。二是品牌联想对购买意愿的影响力为 0.368，但与品牌传播意愿之间不存在明显作用关系。三是品牌关系显著正向影响购买意愿（0.401）、品牌传播意愿（0.407）。品牌关系的强度代表了消费者对区域品牌的产品或服务的情感、信任与忠诚程度，进而影响消费者的购买意愿和品牌传播意愿。四是品牌认知显著正向影响购买意愿（0.400），但与品牌传播意愿之间不存在明显作用关系。

2. 品牌资产必须具有明显的溢价能力

对于农产品品牌化而言，仅注册商标和申请国家农产品地理标志是远远不够的，更重要的是提升品牌的溢价能力。品牌溢价即品牌附加值，是指产品成交时的价格较同类产品的价格（或者成本价格）要高但消费者仍愿意接受并购买，这中间的差价部分被称为品牌的溢价幅度。

从某种意义上讲，品牌溢价是指企业品牌创建过程中的投入以及终端消费者对该品牌的忠诚度转化为消费者主观感受价值的能力，其表现形式主要有显性和隐性，显性溢价直观体现在产品交易价格的提升上，隐性溢价则表现为价格不变而销量增加或合作成本下降。

当一个品牌具有鲜明的个性之后，就容易给目标客户留下深刻的印象，在部分人中形成偏爱，从而成为他们的首选，这时候品牌资产溢价能力就开始显现。品牌溢价能力体现在三个方面：一是用户溢价能力，二是供应商溢价能力，三是员工溢价能力。

（1）用户溢价能力。

用户溢价能力是指用户对产品的价格敏感度降低，为了买一个信得过的名牌产品，用户价格敏感度不高甚至愿意付出更高的价格。以享誉业内的农产品品牌“褚橙”为例，云南的冰糖橙属甜橙类，其形状为圆形至长圆形，颜色为橙黄色。这是一种普通的橙子，但因褚时健，云南的冰糖橙飞跃 N 个高度，被外界称为“褚橙”，冰糖橙的价格也从原来的每斤 3 ～ 5 元上升到 50 ～ 100 元不等。究其原因，是褚橙刻下了褚时健永不服输、勇攀高峰、永不放弃等励志品格和个人精神特质，人们在品尝褚橙的同时，仿佛看到了褚时健奋斗的精神，从而自身也受到感染和鼓舞。

（2）供应商溢价能力。

供应商溢价能力是指产品对包括原材料供应商和服务供应商的溢价能力。如拥有知名品牌的企业采购设备和原材料时，有的供应商为了与这家企业合作提供设备和原材料，即使少盈利也愿意干，因为这对供应商来说有着重要的长远意义，最直接的是可以提升自己的品牌形象，为将来的发展奠定基础。结果是有品牌影响力的知名企业从供应商那里得到了物美价廉的产品和服务，而供应商得到了名誉和长期回报。从此供应商就可以向其他客户称自己是某某知名品牌大企业认证过的合格供应商，产品质量能达到最严格的要求和标准，其他客户可以放心合作和购买。对于知名品牌来讲，这就是品牌的供应商溢价能力。

（3）员工溢价能力。

对于知名品牌企业来说，在员工工资待遇、福利等方面，较其他企业来说更具有优势。实践中，很多员工之所以希望进知名品牌企业工作，除了工作的稳定之外，更看中企业的“名气”，为未来发展事业甚至“跳槽”打下良好的基础。

3. 不同农产品品类品牌溢价能力有明显差异

一方面，不同农产品品类表现出的品牌溢价能力有明显的差异。在 CARD 农产品品牌价值评估模型中，品牌收益 = 年销量 ×（品牌零售价 – 原料收购价）×（1– 产品经营费率）。该模型剔除了生产过程中的劳动收益，结合市场交换完成的最终零售价格，充分考虑了农产品在生产等环节中的诸多不可控因素。一个品牌在单位面积上的品牌收益基本上能够体现该品牌的品牌溢价能力。在 2012 年的农产品区域公用品牌价值评估中，茶叶类单位品牌收益（品牌收益 / 生产规模）为 13602.3 元 /hm^2，高于中药材（13219.2 元 /hm^2）、果品（11025.9 元 /hm^2）和粮食（5694.6 元 /hm^2）。

另一方面，即使是同类农产品，不同的品牌品牌溢价能力也有所不同。以茶叶为例，在 2012 年的茶叶区域公用品牌价值十强中，“西湖龙井”整体品牌收益虽低于“安溪铁观音”和“普洱茶”，但其单位品牌收益远高于其他 9 个品牌。西湖龙井表现出极强的品牌溢价能力，而这也正是西湖龙井小规模、大价值的奥秘所在。

4. 推动农业科技创新，提高农产品区域公用品牌附加值

与工业产品品牌创建资金大投入不同，基于农业产业和农产品自身的特点，农产品品牌的资金投入往往十分有限，很多农产品生产经营者虽然深知农产品品牌创建的重要性和必要性，但仍然心有余而力不足，没有更多的资金和精力投入农产品品牌的建设。因此，如何提升农产品品牌的溢价能力，需要政府、农产品生产经营者和相关方深入思考并共同努力寻找破解之策。

中国工程院院士、浙江省农业科学院前院长陈剑平指出："当前农业供给侧的突出矛盾是无效产能过大，造成农产品滞销，而有效供给不足。"以浙江省丽水市农产品区域公用品牌"丽水山耕"为例。据了解，每年有高达数亿元的"丽水山耕"农产品被外地企业收购用于加工出口，茶叶、柑橘等处于外贸产业链条的最底端。而直接出口的农产品也以初加工为主，产品附加值低，利润普遍不高。可见，"丽水山耕"品牌资源价值的开发利用能力严重不足。因此，要注重农业科技创新和推广，积极引进国内外高层次人才，建立集科研、推广应用于一体的科技服务体系，联合高校、科研机构开展产学研合作，积极发展科技含量高、加工程度深、产业链长的优势精深加工业，不断提高"丽水山耕"农产品的附加值。

5. 如何提升品牌资产价值

从根本上来讲，要想提升品牌资产价值，应该从企业内部挖掘潜力。

（1）树立品牌意识。

凯恩斯认为，观念可以改变历史的轨迹。对于企业来讲，观念可以改变企业的命运。实践中，很多企业表面上很重视品牌，但是真正需要投入资金建识品牌时又犹豫不决，认为品牌投入不能马上见到现实收益，且这种长期投资早一点晚一点，多一点少一点都无所谓。其实，这是没有从内心深处真正认识建立品牌的重要意义。

《世界经理人》曾发表《做品牌要舍得投入》一文，文中，国内某电子公司负责人讲述了公司的品牌故事："我们公司 2008 年创办，行业是 3C 数码周边，比如说手机的保护壳、保护膜、皮套、移动电源等产品。我旗下有四个工厂，我是以品牌运作为轴心。我认为品牌其实就是一种文化。品牌是有故事的，有一个文化理念支撑这个体系，包括需要很多运营、推广、了解消费者的需求和用户体验等，这些东西支撑了一个文化体系才叫品牌，你的品牌才被公认，才有价值。""做品牌是很孤独的，在你的品牌没有起来之前别人是不认可你的，你的客户可能也不是很接受的，你要通过很多的推广和大的广告投入"，"我接触过很多生产厂家，有一个人的工厂很大，身价很多亿。后来他自己也做牌子，但是一直做不起来。他还打电话来说'我又买了六辆奔驰'，他实际上买了六个机器，他舍得花钱投设备，设备一百万、两百万一台他舍得投。我说你怎么做品牌不舍得花两百万投广告呢？他说那个花钱我看不到，机器买过来放在这里我看得到，很放心"。

（2）在品牌建设上不断投入。

品牌资产的作用在于可以给企业当下投入的资产带来未来超额收益，而现实的投入是获得未来收益的基础。也就是说，企业通过消耗现实的有形资产来建立未来的无形资产，这种无形资产将给企业带来巨大的超额收益。对于一个有长远目标的企业来说，不能只盯在眼前的利益上，而应该要在品牌建设上舍得投入。

（3）通过个性化的定位来提升品牌资产价值。

激烈的市场竞争导致产品同质化越来越严重，品牌的鲜明个性特别重要。因此，企业对品牌建设一定要有明确的定位，并结合自身的优势打造品牌的独特个性。

第三章 农产品品牌建设

我国农产品品牌建设现状

虽然我国的农产品市场很大，但农产品附加值比较低。如果没有品牌的支撑，不管对企业还是农户来说，要想盈利都比较困难。

农产品品牌具有一般商品品牌的共性：作为一种产品内在信息的识别标志，在对生产者形成质量约束、提高产品市场竞争能力的同时，能够提高消费者对农产品的认知度、美誉度和忠诚度，增强农产品溢价能力，形成企业的无形资产。

1. 我国农产品品牌建设仍处于起步阶段

近年来，我国大力推广乡村振兴，农村经济发展迅速，农业企业不断壮大，且品牌意识不断增强，农产品市场上相继出现了一些农产品知名品牌，部分知名农产品品牌不仅在本区域，而且在全国甚至世界上都有较大的影响。但总的来说，由于起步较晚，基础条件较差，我国农产品品牌建设体系尚不完善，与美国、欧洲、日本等农业发达国家和地区相比，我国农产品品牌化发展仍处在起步阶段，表现在农业品牌众多，但杂而不亮，区域性特征明显，尤其是农产品贸易在国际贸易中所占比重并不高。在创建推广农产品品牌、实现品牌溢价、形成品牌效应等方面还有很长的路要走。

2. 农产品品牌打造不足

调研发现，我国许多具有地方特色的农产品经过多年的发展，已经拥有一定的知名度和消费群体，但其品牌创建却比较滞后，主要存在以下不足：

（1）政府重视程度和管理力度不够。

虽然近年来各地政府都意识到农产品品牌的重要性，但是对于保护农产品自主知识产权的重视程度不够，制定的农产品品牌保护措施较少，或者制定的措施落实不到位，不利于保护农产品自主知识产权，影响了农产品生产经营企业创建品牌的积极性。

（2）农业企业和农民品牌保护意识淡薄。

农产品品牌的开发者、生产者、经营者多为农业生产经营企业和农民，近年来农业生产经营企业和农民维权意识不断增强，但在品牌维权方面法律意识淡薄，尤其是大多数农民对商标权、专利权等缺乏了解，这也是导致我国农产品品牌建设进度不快的重要原因。

（3）农产品品牌自主知识产权法律体系不完善。

作为一种无形资产，农产品品牌属于知识产权法调整和保护的范围。但在我国现行的知识产权法律体系中，有关农产品品牌自主知识产权的法律体系不完善，不利于农产品品牌自主知识产权的保护。

首先，保护农产品品牌知识产权的内容较少，主要规定有《中华人民共和国商标法》（以下简称《商标法》）、《中华人民共和国专利法》中的农产品新品种的生产方法和生物遗传资源等。随着农业科技的快速发展，农产品新品种不断出现，这些原有的规定从内容和范围上来讲已经难以满足农产品品牌保护的需要。而法律的不完备导致现实生活中各种农产品品牌的侵权、假冒、盗用等不正当竞争现象时有发生，给农产品品牌权利主体造成损害。

其次，有关农产品品牌保护的制度内容过于宽泛。例如《商标法》中有关农产品品牌保护的最主要条款就是有关地理标志的规定，其中第十六条明确，“商标中有商品的地理标志，而该商品并非来源于该标志所标示的地区，误导公众的，不予注册并禁止使用；但是，已经善意取得注册的继续有效。前款所称地理标志，是指标示某商品来源于某地区，该商品的特定质量、信誉或者其他特征，主要由该地区的自然因素或者人文因素所决定的标志”。此条款规定比较宽泛，在农产品品牌权利主体实际权利遭受侵犯时，难以获得有力的保护。

（4）消费者认知度低。

调研发现，我国消费者对于农产品的品牌认知度低，而对于电子类、汽车类、服饰类、日化类产品的品牌认知度很高。

（5）农产品品牌溢价水平低。

相比日本、欧美等农业发达国家和地区，我国农产品品牌溢价整体水平还比较低。目前，我国农产品品牌溢价并没有真正实现，虽然有个别优质的农产品品牌价格定得比较高，有比较明显的品牌溢价，但产品销量并不理想。实际上，如果农产品的销量上不去，农产品生产经营者的盈利能力就不可能真正提高。

3. 农产品品牌化一直是社会的痛点

我国是一个传统的农业国，数千年来，我国出现了各种各样享誉海内外的农产品。

虽然我国优质的特色农产品众多，仅农产品国家地理标志就有3000多个，但多数以初级农产品销售为主，也就是人们常说的“大路货”，其显著特点是产品价格低、竞争力不强、话语权不高，尤其是没有形成自己的品牌，同质化现象明显。

我国农产品品牌化一直是社会的痛点：一方面，消费者担心农产品质量安全，虽然有购买的欲望但担心买不到放心的农产品而犹豫甚至焦虑。面对市场上品种、外观、大小都十分相似的农产品，消费者很难做出选择，农产品没有品牌便是一个重要的原因；另一方面，作为农产品的生产者，采取传统种植方式的农民不知道如何科学生产，以及为市场提供优质的农产品。部分农户和企业虽然有生产高质优价农产品的愿望，也下大功夫生产出了绿色、有机的特色农产品，但是没有实现品牌化，导致优质的农产品与普通农产品一样卖出“大路货”的价格，并没有体现优质农产品应有的价值和产品竞争力。

4. 我国农产品加工能力不强，品牌建设不足

由于加工能力不强，很多原产地的特色农产品被外地企业收购加工销售，农业产业链环节上的利润大部分都被外地企业赚走，特色农产品产地的农民收益不高，因此很难有积极性和实力提高农产品科技含量和打造农产品品牌。

我国加工农产品的国际竞争力也不强。1996—2011年，我国加工农产品贸易额占总贸易额比重不断下降，同时加工农产品贸易逆差日趋扩

大。随着我国加入WTO，加工农产品的竞争空间范围不断扩大，已从产品质量、价格竞争延伸至品牌、包装、服务、信誉等营销能力的竞争。

调研发现，农产品加工能力缺乏是很多农业大县甚至农业大省的短板，产业链条不长，即使是特色农产品主产区也是如此，相当多的特色农产品主产区只有第一产业或者虽然有第二产业但加工能力严重不足。就加工企业而言，普遍规模较小、科研实力不强、衍生产品不够丰富，且经营分散、品牌林立、标准不统一，很多地方农产品区域公用品牌优于产品品牌，产品品牌又优于企业品牌，严重影响了农产品品牌的发展，也不利于增加农产品的品牌附加值。可以说，品牌建设是我国农产品加工企业的不足，在国际上叫得响的农产品加工产品品牌更是少之又少。

当前我国农产品加工能力亟待提高。农业农村部印发的《2020年乡村产业工作要点》（农办产〔2020〕1号）指出，大力发展农产品精深加工。优化产能布局，鼓励和引导工商资本和农业产业化国家重点龙头企业在农畜产品优势区，建立标准化原料基地，打造“第一车间”、“原料车间”和“粮食车间”，优化加工产能。支持技术创新，突破技术瓶颈，研发推广一批有知识产权的加工关键技术装备，研制一批智能控制等产加工设备。加强标准制定，制修订一批农产品加工技术规程和产品质量标准。提升加工深度，引导龙头企业建设农产品加工技术集成基地和精深加工示范基地，增加精深加工产品种类和产品附加值，推动加工企业由小变大、加工程度由初变深、加工产品由粗变精。

5. 我国农产品亟待实现品牌化

我国农产品“大路货”多，优质品牌农产品少。那么，如何实现农产品品牌化？

（1）优秀品质是农产品品牌的保障。

优秀的品质是农产品品牌化成功的首要因素，农产品如果没有过硬的质量和安全作保障，营销手段再好、宣传推广投入再大，也不会被广大消费者所认同。企业要树立品牌，产生品牌效益，往往需要付出几年、几十年乃至上百年的时间。如果不重视产品质量，忽视消费者的诉求甚至损害消费者的权益，品牌被毁可能在旦夕之间，这样的例子不胜枚举。

质量是品牌的基石，任何产品没有质量就没有品牌，市场上知名的农产品品牌，在生产、加工、包装、物流以及终端营销等每一个环节，都会科学管理，严格控制，一丝不苟地抓好产品的质量建设，目的就是打造知名品牌。

那么，如何提高农产品质量？众所周知，传统农业采用粗放式的发展模式，受自然灾害影响很大，产品质量不高，因此，提高农业科技水平是提高农产品质量的重要途径。

世界上的农业发达国家都十分重视农业科技。以荷兰为例。荷兰位于欧洲西部偏北，国土面积 4 万多平方千米，其中 1/4 海拔低于海平面，自然条件恶劣。为摆脱有限的耕地和复杂的自然环境的限制，荷兰大力提高农业技术。19 世纪末，荷兰农民开始用玻璃棚来种植花卉和蔬菜，成为现代温室的雏形。经过不断改进，直到“文洛式”（Venlo）温室的研究成型，才终于奠定了荷兰玻璃温室技术的领先地位[1]，创造出令世界

[1] 据统计，荷兰玻璃温室面积达到 16.5 万亩，约占世界温室总面积的 1/4。玻璃温室约 60% 用于花卉生产，40% 主要用于果蔬类作物（主要是番茄、甜椒和黄瓜）生产。在玻璃温室环境控制方面，荷兰实现了全部自动化控制，包括光照系统、加温系统、液体肥料灌溉施肥系统、二氧化碳补充装置以及机械化采摘、监测系统等。

瞩目的“小国大业”农业奇迹。经过长期的发展，荷兰形成了如今的高科技农业，主要体现在玻璃温室农业、园艺花卉、生物防控技术、电子信息技术等方面。荷兰农业的病虫害防治以物理防治和生物防治为主，即使是药剂防治也以矿物源、植物源药剂为主，化学药剂用量通常控制在 20% 以内，甚至一些设施基地甚至不用任何化学药剂，完全达到有机生产水平。

在日本，政府和农协依据生产过程中使用的农药和化肥量的多少将大米分为几个等级。将没有使用任何农药和化肥的农产品定为一级有机农产品，使用 50% 以下农药和化肥的农产品定为二级特别栽培农产品，高于 50%、达到全国最低环保标准的农产品定为三级农产品。对于不同等级的农产品，由不同的组织予以认证，标明不同级别的环保认证标签，不同等级农产品在市场上的价格和受欢迎程度都是有很大差别的。

严格的质量控制管理和标准化的生产程序决定了日本农产品的高品质定位。以日本品牌“松阪牛”为例，松阪牛在饲养过程中，以大麦、豆饼的混合饲料为主，待牛长肥后，为了增进其食欲，日本农民每天都要给牛喝啤酒，为牛按摩，让牛听音乐、享受日光浴，等等。

（2）国家大力推进品牌强农。

农业的品牌化经营是一个复杂的系统工程。一方面，受到农业生产经营者品牌意识的影响；另一方面，受到资金、技术和市场营销等各种因素的制约。要做好农业品牌，既需要广大农业生产经营者转变思想、与时俱进，高度重视农产品品牌打造的重要性，又需要政府部门从政策、资金、人才、技术等方面给予大力支持。

品牌强农需要顶层设计和政策的大力支持。2018 年 6 月，农业农村部发布《关于加快推进品牌强农的意见》(以下简称《意见》),指出品牌建设贯穿农业全产业链,是助推农业转型升级、提质增效的重要支撑和持久动力。《意见》提出了发展目标,即力争3～5年,我国农业品牌化水平显著提高,品牌产品市场占有率、消费者信任度、溢价能力明显提升,中高端产品供给能力明显提高,品牌带动产业发展和效益提升作用明显增强。国家级、省级、地市级、县市级多层级协同发展、相互促进的农业品牌梯队全面建立,规模化生产、集约化经营、多元化营销的现代农业品牌发展格局初步形成。重点培育一批全国影响力大、辐射带动范围广、国际竞争力强、文化底蕴深厚的国家级农业品牌,打造300个国家级农产品区域公用品牌,500个国家级农业企业品牌,1000个农产品品牌。

农产品质量安全溯源体系建设

品质是打造农产品品牌的前提,而要更好地保障农产品的品质,需要打造农产品质量安全溯源体系。农产品质量安全溯源体系,是指从种子和肥料购入、播种、浇灌、施肥、采摘、监测、加工、储藏、运输、营销等各个环节,对农产品进行全流程的数据采集和监控,实现对农产品全过程追踪和溯源管理。具体来说,农产品质量安全溯源体系综合运用了多种网络技术和条码识别等前沿技术,实现了对农业生产、加工、流通和营销过程的信息管理、质量追溯管理、农产品生产档案(产地环境、生产流程、质量检测)管理、条形码标签设计和打印、基于网站和手机短信平台的质量安全溯源等功能。

实现农产品溯源需要把追溯、品牌、营销等有机地结合起来：追溯可以对农产品进行有效的质量管控，品牌可以占领消费者的心智，营销则可以最终实现农产品的销售转化。农产品质量安全追溯制度建立后，比如农户清楚种子、化肥、农药等投入品的来源，供应商清楚农产品的来源，销售商清楚供应商的来源，消费者清楚销售商的来源，这样一环扣一环追溯产品的上游，就可以保证农产品的质量安全。

1. 农产品质量安全溯源体系作用

农产品质量安全溯源系统运用互联网、物联网、云计算、大数据等技术，通过传感器、视频监控、无线网络等来获取农作物生长的环境信息、加工信息、物流信息和营销信息，进而实现对所有监测点信息的获取、显示和分析处理。

一方面，实现农产品从种植到流通全流程信息追溯，消费者扫一扫便能知道。消费者实际购买农产品时，只需扫描农产品上的二维码，便能查看农产品的种植和品质检测信息，并且在农产品质量安全溯源系统中查看作物生产环境、成长档案和质检报告，从而对农产品品质有清晰的了解，增强对农产品质量安全的信任。对品牌农产品而言，通过建立农产品质量安全溯源体系，既可以提高消费者的满意度，又可以提高品牌的知名度，可谓一举多得。

另一方面，在确保消费者安全的同时，家庭农场、农民合作社、大中型农业生产企业也可以通过农产品质量安全溯源体系建设，提高农产品的品质，确保农产品的安全。不仅如此，前述农业生产经营主体还可以通过二维码追踪农产品的走向，了解不同类型消费者（地区、年龄、性别、消费水平等）的购买偏好，从而科学地调整农产品生产结构。

2. 我国农产品质量安全溯源制度建设现状

目前，所有在欧盟境内销售的食品都必须能够进行跟踪和追溯，如果不能做到跟踪和追溯，食品就不允许上市销售。美国对食品的生产、加工、包装、运输、接收等环节都建立了记录保存制度。

近年来，随着互联网、物联网、大数据、云计算技术的快速发展和人们对食品安全的要求不断提高，我国也迎来了农产品溯源体系建设的新时期，尤其是在水果、蔬菜等农产品重点领域更是发展迅速，例如“一物一码”意味着给每一件农产品都配备了“身份证”，便于企业和政府监管部门对农产品进行溯源管理，对农产品全生命周期进行管控。

总体来说，我国农产品质量安全溯源体系建设才刚刚起步，还面临诸多困难，存在很多不足之处。

（1）多个行为主体积极性不高。

农产品质量安全溯源体系建设涉及多个行为主体，主要包括农产品生产者、农业投入品（农药、化肥、饲料、兽药等）企业、农产品供应商、农产品销售商、消费者、质量认证机构和政府监管部门等，且各个行为主体在溯源体系中起到的作用是不一样的。

当前，我国农产品质量安全溯源体系建设以政府为主导，由于有关溯源制度法规不完善、政府监督力量薄弱，致使农业生产经营企业和农户参与建立农产品溯源体系的主观能动性不强、积极性不高，进而阻碍了整个农产品质量安全溯源体系的建立。

（2）农产品质量安全溯源机制还不完善。

要建立农产品质量安全溯源机制，一是要建立生产档案、登记制度，要对生产基地环境、生产者农业投入品的使用、生产者田间管理、生产者的信息进行记录和存储；二是农产品生产经营者要按照农产品编码标准和条形码管理制度，提供进入市场的“身份证”，确保农产品全程质量控制溯源信息的传递和可追溯；三是要建立质量追溯的有效平台，积极探索以条形码为标志的农产品质量安全溯源平台建设，创建提供农产品生产档案、产品标识标签信息的质量安全信息录入与查询系统。

（3）农产品质量安全溯源体系实施的深度和广度都不够。

一方面，我国只有部分地方水果和蔬菜进行了溯源体系建设，溯源体系涉及的农产品范围比较小；另一方面，我国还没有建立起生产、加工、储藏、运输、流通和消费的每一个环节可相互追查制度，只是对蔬菜、生猪等推行“产地与销地”“市场与基地”的对接与互认。农产品质量安全溯源体系的深度和广度都不够，亟待“补短板”。

（4）农产品质量安全溯源体系建设资金投入不足。

农产品质量安全溯源体系是一种先进的管理制度，可以大大促进农产品质量安全管理水平的提高，但同时也需要一定的成本投入：一是增加农产品质量安全溯源体系建设的管理经费；二是增加可追溯系统涉及的农户、专业大户、家庭农场、农民合作社、农业产业化龙头企业等各个行为主体的成本费用。

从实践来看，由于农业生产经营者尤其是个体农户经营效率不高，尽管能够意识到农产品质量安全溯源体系的重要性，但真正要投入真金白银建设还存在很大的难度。

3. 我国加快建立农产品质量安全溯源体系

从发达国家的经验来看，农产品质量溯源管理是一种卓有成效的监管模式，能及时发现问题、查找源头、分清责任，防止不合格农产品混入市场给消费者带来伤害。

目前，我国正努力探索建立农产品产地认证制度，大力推进农产品产地准出和市场准入管理，解决好“出口”和“入口”问题，促进产销对接，保证农产品合格入市。与此同时，我国正逐步建立全国统一的追溯信息平台，制定配套的管理规范，推进本地区追溯信息平台的建设与国家级平台的衔接，形成全国统一的规范化农产品质量安全管理平台，积极推动农业产业化龙头企业、农民专业合作社实施农产品追溯管理，利用法律法规约束农产品生产、加工、物流和营销行为。

我国农产品质量安全追溯正向数字化演进。国家农产品质量安全追溯平台已正式上线，实现了对追溯、监管、监测、执法等各类信息的集中管理，为公众快捷、实时查询农产品追溯信息提供统一的查询入口，实现了农产品全程可追溯。

4. 建立农产品质量安全溯源体系是政府的重要职责

政府应该统一建立农产品质量安全溯源体系，承载农产品全过程信息的二维码由政府部门统一监管、统一备案、统一标准，提升追溯信息的公信力。例如北京市大兴区农委搭建的“大兴区农产品质量安全追溯平台”，细化、明确了监管、生产和流通各方的责任，建立了生产标准化制度、区域品牌准入制度、产地产品准出制度、产品质量追溯流程制度、监管决策数字化制度。同时，建立了农产品质量安全责任主体备案系统，有效实时的数据分析基本满足大兴区农业主管部门的监管工作需要。通过农产品生产流通责任主体唯一标识，有效支撑问题产品责任主体的快速追查，解决了农产品全过程追溯的难题，由此倒逼农产品生产经营者出于自身利益考量提高农产品质量，并不断提高农产品品牌的知名度、美誉度和忠诚度。

农产品品牌建设思路

近年来，我国大力推广乡村振兴，农村经济发展迅速，农业企业不断壮大，且品牌意识不断增强，农产品市场上相继出现了一些农产品知名品牌，部分知名农产品品牌不仅在本区域，而且在全国甚至世界上都有较大的影响。但总的来说，由于我国农业基础较差，农产品品牌化发展仍处在起步阶段，与农业发达国家相比还有较大的差距，在创建推广农产品品牌、实现品牌溢价、形成品牌效应等方面还有很长的路要走。

1. 农产品品牌的特殊性

农产品市场的特点是天生高度同质化。长期以来，广大农产品生产经营者的常规做法是将农产品放到市场上比拼价格，价格一个比一个低，最终的结果是谁也卖不出好价钱，农业生产经营的效益低。

怎么才能摆脱农产品拼价格的窘境？必须打造农产品品牌，只有这样，才能从众多的“大路货”中脱颖而出。

与工业产品相比，农产品具有明显的不同之处，主要表现在：一是质量特征的隐蔽性（无论是普通农产品、绿色农产品还是有机农产品，营养元素主要在农产品内，消费者很难用肉眼去识别，除非用专业的仪器设备，这在普通购买行为中并不现实）；二是品质特征的区域性（农产品品质特征主要受土壤、气候、环境等因素影响，不同区域生产的农产品品质差异很大）；三是农业生产经营的分散性（“大国小农”仍是我国的基本国情农情，一家一户分散经营，截至2016年底，全国小农户数量占农业经营户的98.1%）。

与工业品品牌不同，农产品品牌具有其特殊性：

（1）农产品品牌形象的特殊性。

一般工业品品牌主要表现为某个特定的名称或形象。农产品除了具有一般工业品品牌的特点外，还包括产品（主要是品种）、产地（独特的土壤、气候、水质等）、产业（某类农产品的产业集群）和文化（以茶叶、酒为代表）特点。

（2）农产品品牌拥有主体的特殊性。

品牌是企业的无形资产，属于企业总资产的一部分，具有专有性。一般工业品品牌由企业拥有；而农产品品牌的拥有主体除了以公司形式体现的农业生产经营组织，还包括集体（如农民合作社）拥有的集体品牌和行业协会组织拥有的农产品区域公用品牌。

2. 提高农产品科研水平，支持农产品品牌建设

对于农产品生产经营者而言，打造农产品品牌除了要求有先进的管理经验和成熟的市场营销之外，提升农产品的品质是一项重要的能力，而想要培育出高品质的农产品，需要企业不断加大科研开发力度。

农业发达国家的政府在农业科技投入上发挥了重要的基础作用。我国要大力发展农业科技水平，政府应根据财政现状，在加大农业科技支持力度的同时强调分工合作和精准发力。具体来说，中央政府在一般性农业基础技术的研发上提供支持，地方政府对本区域内特色农产品的专门技术研发提供支持，鼓励农产品生产经营者对农产品进行技术创新，由此形成一套分工明确、运行高效的农业科研体系，为农产品品牌建设提供有力的技术支撑。

美国、欧盟、日本等发达国家和地区的农业发展经验表明，只有不断地进行农业科技创新，开发出新产品和高质量的农产品，满足消费者不断变化的需求，才能增强农业品牌的可持续发展能力，提高消费者的忠诚度，不断扩大农产品品牌的影响力。

3. 创新促进农产品品牌打造

农产品创新主要指农产品在种植、加工、包装、流通、销售等方面的创意改良或革新，创新可以使农产品形成差异化特色，促进农产品品牌打造，从而增加农产品的价值和提升农产品的市场竞争力。以日本大分县雪子寿司为例，当地人在产品生产和销售方面进行创新：用萝卜、大叶和香菇混合制作成寿司饭，并参加各种食品竞赛，取得名次后一炮打响。

【案例 3-1】

大分县本匠村有一位名叫高桥文子的妇女，在参加了一次农业培训后，回到村里组织部分村民成立了“家乡本匠会”，准备做点有创意的事情。一开始村民们想到的是组织“元祖 / 家乡特产邮寄”活动，即将当地出产的农产品包装装箱后邮寄给在外地工作的当地籍人，可以借此宣传本地的农产品，但这只是一种简单的包装装箱，高桥文子认为还是利用这些材料加工制作成美味食品更有意思。于是，“家乡本匠会”会员反复思考、试验，做成了“香鱼寿司”“竹笋寿司”等一些以前没有过的寿司，但并没有名气。

2001 年，大分县本匠村一个香菇种植者提出可否利用当地产的香菇制作成食品，还有人建议将制作的食品送去参加林业厅举办的食品竞赛。高桥文子采纳了这些人的建议，用萝卜、大叶和香菇混合制作成寿司饭，取名“雪子寿司”，并参加了林业厅的食品竞赛，夺得第一名后，被选送代表大分县参加全国竞赛，又夺得第一名，于是雪子寿司立即引起了媒体关注，被大肆宣传报道。

从此，雪子寿司成为本匠村乃至大分县的名牌产品，被摆放到高速公路服务区、铁路站点和高级百货店作为名特产品销售，还吸引了很多旅游者慕名前来当地旅游观光，既增加了村民的收入，同时也增加了就业岗位。

分析认为，通过创意将本地已有的特色资源进行再加工，生产出新的产品，再进一步通过品牌塑造成全国知名的品牌商品，其价值和效益将会得到很大的提升。创意需要与品牌塑造相结合才能发挥协同效应，否则，仅有创意而不做品牌，创意的作用将得不到很好的发挥。

4. 农产品品牌建设需要借助文化的力量

我国是传统的农业国，农业发展历史悠久，关于农产品的历史故事、人文传说数不胜数。从田间地头到厨房餐桌，农产品可以借助文化的力量实现品牌增值。因此，需要充分挖掘、提炼、打造和传播与农产品相关的历史文化并创建农产品品牌。具体来说，与农产品相关的文化资源包括消费者认知、消费习惯和饮食习俗，例如产品传说、名人故事等。

下面介绍山东省潍坊市昌乐县火山村有机小米的品牌故事。

【案例 3-2】

山东省潍坊市昌乐县的北岩远古火山口群是山东省迄今为止保存最完整、特征最典型的火山口颈地质遗迹，2002 年 12 月，被山东省国土资源厅列为第一批省级地质公园。1800 万年前经过三次断裂带火山喷发所形成的远古火山口群带来的火山灰给农田盖上了一层厚厚的“营养被”，这些火山灰富含矿物质，因此这里的土地十分肥沃。乔官镇境内有四十多个火山口组成的远古火山群，围绕在几十个村庄周围，这些村庄被统称为火山村。村民们在群山梯田上种植的一种古老的驴缰绳谷子，被当地村民称为火山村谷子，“火山村小米”的名号就此诞生。

据火山村的老人讲，在北魏太延二年（公元 436 年），北魏朝廷里有一位叫许良的将军在领兵征灭北凉的战争中，被北凉将士砍掉了一条胳膊。伤养好了之后，许良将军便辞别朝廷，想回河北老家颐养天年。当他走到昌乐地界的火山村时，看到这里有一片片绿油油的谷子，并且森林茂密，青山绿水，自然环境优雅怡人，便请示朝廷想在此安家，朝廷很快批准了他的请求。据从许家墓地出土的许家墓碑记载，许家封地的范围是：东到乔山、西到尧山、北到桃花山、南到打鼓山。许良将军在此居住之后，许家将朝廷划给的大部分土地租给周围的乡民耕种，火山村的其余土地则全部耕种谷子。收获后，除留下部分种子外，其他全部上缴北魏朝廷。据史料记载，许家进贡的小米得到了皇宫里的娘娘嫔妃们的高度好评。

种植火山村谷子的传统一直流传到今天，因为这个谷子品种的锌含量极高，填补了国内谷子基因库空白。又因为种植在火山群，火山村谷子含有丰富的硒等矿物质。火山村小米具有极高的营养价值，当地流传着这样一句俗语：身体要健康，就到火山村。

5. 产品品牌借助渠道品牌实现跳跃式发展

渠道品牌是电商出现后产生的新兴农产品品牌，是售卖农副产品和生鲜类产品的电商渠道，它更多强调电商渠道品牌本身，比如阿里巴巴盒马鲜生、京东生鲜、中粮我买网等都是渠道品牌。这些渠道品牌本质上是一个电商购物渠道，背后都有大量财力物力支持，使得这个渠道无论是品牌知名度还是品牌势能都远超某一单类农产品的品牌。

下面以纽澜地黑牛与盒马鲜生合作为例加以说明。

【案例 3–3】

在与盒马鲜生合作之前，纽澜地扮演的大多是原材料供应商的角色。传统模式下，企业养牛卖给经销商，企业根本不知道终端消费者是谁。因此，企业缺乏品牌意识，没有价格话语权，盈利也十分困难。纽澜地决心告别传统养牛方式，让高品质的价值在消费者终端得以实现。

2016 年，纽澜地发现了盒马鲜生新零售模式。从第一家门店开始，盒马就通过数据和技术对传统零售和传统电商进行系统性改造，重构供应链，采取打掉中间环节的源头直采模式，获得了更多更优质的好商品，再通过最短的链路、以最快的速度送到消费者手中。纽澜地自建了物流公司，通过自有的物流体系每天不间断地给盒马鲜生在全国 20 多个城市近 170 家门店配送牛肉，最大限度地保证了牛肉的新鲜。如雪花牛肉，与市场上多为经过速冻、冷冻、真空和再分割处理的进口雪花牛肉不同，纽澜地的雪花牛肉从工厂到盒马鲜生门店，全程保持 0 ～ 4℃的冷鲜条件保存。

借助盒马鲜生的创新模式和扩张速度，纽澜地建立了标准化的全产业链，搭建了一整套专供盒马鲜生的完善供应链体系，也打造出一个知名的高端牛肉消费品牌：依靠盒马鲜生在各地快速扩张门店带来的渠道和营销优势，纽澜地黑牛持续打造品牌，赢得了诸多消费者的信任。盒马鲜生开到哪里，纽澜地黑牛肉就卖到哪里。在北京、上海、青岛等地的盒马鲜生门店，还专门开设了黑牛美食体验店“纽澜地黑牛厨房”，通过生熟联动的模式让消费者近距离接触和了解国产的黑牛品牌。

从2016年开始与盒马鲜生合作，纽澜地黑牛用了不到3年的时间，一跃成为国内黑牛行业的第一品牌，它也是盒马鲜生孵化的首批全国性的“盒品牌”。目前纽澜地黑牛是国内唯一实现高青黑牛繁育、养殖、屠宰、加工全产业链经营的品牌。

作为盒马鲜生的首批全国性“盒品牌”，纽澜地给农产品品牌化带来了积极的示范意义。

农产品品牌差异化战略

农产品品牌的打造直接决定了未来农产品的销量及价格。通过分析和研究市场、竞品、技术、质量等，对自己的产品有进一步的了解，这样就能准确定位农产品的目标人群，创建农产品的品牌。

如何让消费者购买某一类产品时首先想到的就是某品牌而不是其他品牌？作为市场竞争主体的企业，要想尽办法把自身品牌的差异化定位深深地植入消费者的长期记忆之中，在他们心中留下极为深刻的印象，消费者一旦有购买某一类产品的需求，马上就能想到该品牌的特征。唯有这样，企业才能在激烈的市场竞争中有立足之地，才能通过品牌促进销售并产生品牌溢价。

差异化战略是实现农产品品牌高端化发展的重要途径。

1. 农产品品牌差异化发展的重点

农产品品牌要实现差异化发展，需要注意以下几点：一是农产品生产经营者要进行广泛的市场调研，及时把握消费者的需求及消费偏好；二是要有强大的研发能力和科技支撑能力，能针对消费者的潜在需求迅速研发新产品，并引领消费；三是长期跟踪行业的发展趋势和消费市场的变化趋势，以确保企业能准确、及时根据市场实际情况科学地做出调整，使企业的产品始终位于市场的最前沿。

2. 多维度差异化竞争

品牌资产的价值主要体现在差异化的竞争优势上，这种差异化是多维度的，例如产品质量、性能、功能、包装、设计等带来的舒适度、可靠性、便捷性等方面的差别。

新西兰 ZESPRI（佳沛）奇异果实施的农产品品牌差异化战略是典型的成功案例。

【案例 3-4】

中国是猕猴桃的原产国，早在先秦时期就已经开始种植。目前种植面积与产量均居世界第一，是名副其实的猕猴桃生产大国。然而，我国的猕猴桃出口量却非常小。

100 多年前，一位来自新西兰的女校长到中国旅游，把中国的猕猴桃种子带回新西兰，并将种子转送给当地的果树专家，之后辗转送到当地知名的园艺专家手中，培植出新西兰第一株奇异果树。俗话说“橘生淮南则为橘，生于淮北则为枳”，猕猴桃与奇异果，生在中国叫猕猴桃，生在新西兰则叫奇异果。新西兰重点打造差异化的农产品品牌，其中最著名的农产品品牌是“佳沛”，“佳沛”被称为新西兰奇异果的代名词。

一、从分散营销到统一营销

1960—1980年，新西兰以种植奇异果为业的果农数量有近2700名，总种植面积达16万亩，但其中种植面积在75亩以下的果农占到80%，可以说整个产业处于自然竞争状态，导致奇异果果品品质参差不齐，且果农之间相互竞争、杀价严重，这一点与各国分散的个体农户种植销售情况十分相似。尤其是1988年，新西兰奇异果的产量非常高，但由于新西兰奇异果最大海外市场美国实行反倾销政策，再加上日本市场经销商倒戈等，新西兰果农遭遇重创。

在此背景下，果农们决定联合发起自救行动：2000多户果农注销了各自经营的品牌，组建了一个统一的组织——新西兰奇异果营销局。新西兰政府大力支持，而且通过相关法令规定，果农不可擅自向国际市场销售新西兰奇异果，任何果农以个人的名义出口销售都将被视为违法。具体做法是：新西兰奇异果营销局将分散的出口渠道整合为一个单一的出口渠道，对整个产业的品种选育、种植、采收、包装、储藏、物流、配售、广告推广进行统一设计规划。在营销局的统一管理之下，新西兰奇异果无论是产品品质还是品牌影响力都大大提高，果农逐渐恢复了生产，并成功地将奇异果销售到世界各地。

不仅如此，为加深消费者对新西兰奇异果的印象，新西兰奇异果营销局决定更名为新西兰奇异果国际营销公司，并推出“ZESPRI”（佳沛）作为唯一的品牌，负责新西兰奇异果的全球营销。

作为一家全球性的营销公司，新西兰奇异果国际营销公司派遣区域经理在全球各地寻找代理商，在中国大陆，佳沛在北京、上海和广州一共找了 3 个代理商，并依靠代理商的渠道，把奇异果产品推到大卖场及传统商店。为保持自身高端定位和防止低档假冒伪劣产品的冲击，佳沛选择超级市场和高档水果店作为其主要销售终端。

二、佳沛品牌打造

佳沛品牌打造主要包括四部分内容。

一是品牌命名。单独的品牌命名是规避风险的有效策略，可避免因公司个别产品的质量问题而对所有产品形象造成打击。1996 年，佳沛公司通过广泛调研奇异果在民众心目中的形象以及消费者食用感受，将奇异果品牌名称需要传达信息的字词形式和内涵意义输入电脑程序中，电脑便自动生成了 ZESPRI（佳沛）这样一个新词。

二是产品创新。创新是佳沛奇异果成功树立差异化品牌形象、提升品牌溢价能力的一个重要举措。新西兰不但将猕猴桃培育成了奇异果，而且改良了原来口味偏酸的绿色奇异果，推出了口味偏甜的黄色果肉的新品种——黄金奇异果。1977 年，新西兰科学家和佳沛研究人员将从北京植物园、广西桂林植物学院、中国南部及中部的野生地区收集到的微小奇异果种子带回新西兰种植。经过多年研究栽种，最后由一棵北京所产具有黄色果肉和良好口感的母株，以及一棵桂林所产果子大而多汁的父株，共同培育出新西兰黄金奇异果子株。1998 年，4000 箱黄金奇异果第一次出口到日本，2000 年黄金奇异果出口到欧洲。目前，黄金奇异果已经占到新西兰奇异果销售量的 20%，在亚洲尤其畅销。

三是统一标准。生产、加工、包装、营销过程的标准化管理和形象品质的高度统一是佳沛新西兰奇异果在全球市场畅行无阻的重要保障。

四是提高产品品质。新西兰佳沛公司为了打造优质品牌，每年花费重金进行全球性的市场调研，研究消费者对猕猴桃的偏好，包括口味、大小、成熟度等方面，再依据这些调研信息，针对消费者不同的偏好进行新产品研发，与农业科研单位共同培育猕猴桃新品种。这种引导消费、创造需求的做法得到了全球消费者的认可，也使ZESPRI（佳沛）这一品牌获得了较高的知名度、美誉度和忠诚度，产品附加值不断提升。

三、精细化管理

新西兰奇异果国际营销公司在精细化管理方面做文章：一是在种植环境方面，确保所有的新西兰奇异果生长在最自然的环境，这样才能保证奇异果充溢着大自然的芳香；二是在果园的选址上，周围必须有超过10米高的树群挡风，以保证果子不受大风吹刮影响外观；三是在种植过程中，极少使用化学药剂，从而最大限度地确保奇异果的天然本色；四是在奇异果授粉阶段，果农引进蜂群后，为了让蜜蜂工作更有效率，对果园做一些封锁，使蜜蜂在一个果园里忙碌，飞不到外面采野蜜；五是在采摘日子的选择上，奇异果采摘日由ZESPRI公司决定，公司检测奇异果的熟度，只有在结论为“适合采摘”时才能采，这是为了保证摘下的果子漂洋过海到达消费地时，刚好处在口感最好的时候。

此外，在奇异果的包装方面，全部由机械化设备进行筛选，按大小分类，装箱打包。除了包装，工厂也负责奇异果的尺寸、甜度和病虫害检查。例如用血糖仪一样的仪器检测奇异果的含糖度，只有甜度达到一定的标准后才能出口。工人们还用高倍放大镜检查果实上是否有虫子，一旦发现虫子，果实立即被淘汰。而对于出口的奇异果，每个小箱外都贴有一张条形码。世界各地的消费者只要通过条形码就能查到它是出自哪个果园、何时采摘、何时加工、何时出口等，这些信息统统一目了然。

目前，新西兰佳沛奇异果每年99%出口，销售市场遍及全球70多个国家和地区，占全球奇异果市场总销量的33%，高居世界第一，产值高达250亿美元，而中国是佳沛奇异果最大的市场，占其全球销售总额的近20%。猕猴桃经过改良、品牌推广后成为新西兰的国果和国家名片，佳沛成为世界著名的奇异果品牌。

不仅如此，品牌资产的价值也可表现在由差异化的服务带来的品牌附加价值，其中，海底捞的差异化服务是比较典型的例子。

【案例 3-5】

在服务态度方面，因为海底捞的食客很多，经常要排队，餐厅就为等待的顾客提供免费美甲、美鞋和护手以及免费饮料、零食和水果等服务，甚至在卫生间里都会有专人服务，包括开水龙头、挤洗手液、递擦手纸等。海底捞的服务员来自全国各地，还可以找老乡服务，态度很热情。

北京人喜欢火锅，因此除了传统的涮羊肉外，各种地方风格的火锅几乎都能在京城找到，如重庆麻辣、内蒙肥牛、贵州酸鱼、港式海鲜等。由于竞争激烈，很多火锅店在北京活不过三年。2004年2月，海底捞到北京开店。起初，海底捞北京店就像所有新店一样根本没有引起业界的注意。可没过多久同行们发现，这家火锅店的门外，三伏天竟然有消费者排长队！消费者为什么喜欢海底捞？可以听听消费者们的评价："这里的服务很'变态'。在这里等位时有人给擦皮鞋、修指甲，提供水果拼盘和饮料，还能上网、打扑克、下象棋，全都免费啊！""这里跟别的餐厅不一样：吃火锅眼镜容易有雾气，他们给你绒布；头发长的女生，就给你猴筋套，还是粉色的；手机放在桌上，吃火锅容易脏，还给你专门包手机的塑料套。""我第二次去服务员就能叫出我的名字，第三次去就知道我喜欢吃什么。服务员看出我感冒了，竟然悄悄跑去给我买药。感觉像在家里一样。"

3. 品牌文化建设是构建品牌差异化战略的主要策略

一个品牌如果缺少企业文化和企业精神的充盈，是很难被人们记住的，更不用说发展为强势品牌。企业通过品牌文化建设，在消费者心中建立对该品牌的差异性认知，并以情感引导的方式提升消费者对该品牌的忠诚度。例如云南白药以中药文化、关爱文化和伤痛文化承诺：如果伤痛在所难免，云南白药就在你身边。企业以守护者，关爱者的身份引导消费者，如果出现伤痛请使用云南白药产品，巧妙地通过宣传语宣扬关爱文化。

【案例 3-6】

云南白药 1902 年由曲焕章研发成功，命名为“曲焕章百宝丹”，后来进一步发展为“三丹一子”（普通百宝丹、重升百宝丹、三升百宝丹，保险子）。由于云南白药在抗日战争时以它卓越的止血效果救助了许多人，所以它被许多人推崇，直到现在仍是大众口口相传的中华民族品牌。1955 年，祖传白药处方被赠予当地政府，从此叫“云南白药”，并统一由昆明制药厂生产。

（一）展现老品牌魅力，升华文化价值

在战争时期医疗和救治条件差的背景下，云南白药以关怀伤痛、慰藉伤痛和治愈伤痛的方式慢慢融入人民的精神和感情世界。云南白药在很多紧急时候都勇敢站出来与人们共患难，它不单单医治人们身体上的病痛，还能治愈人们情感上的创伤。人民群众推崇云南白药的真正原因是它承载的对人民的关爱。云南白药品牌承诺“如果伤痛在所难免，云南白药在你身边”，走的是情感路线，从而激发了人们早期用白药的记忆。

（二）借助政府力量，加强知识产权的保护

由于云南白药的品牌效应巨大，市场上出现了众多的假冒产品，既伤害了消费者的权益，也对云南白药品牌造成了伤害。鉴于此，云南白药集团联合政府一起打击制假造假的不法分子，为“云南白药”品牌建立了超强的信心，树立了“品牌威信”。云南白药集团还成立了专门的机构管理知识产权，出台了《云南白药集团知识产权规划》。截至 2017 年，云南白药集团已经拥有 29 项完全自主知识产权，累计申请发明专利 36 件、外观设计专利 40 件，申请国外发明专利 6 件。

（三）定位高端，进入细分市场

云南白药虽然是老医药品牌，但在实施品牌差异化战略之前，存在品牌产品定位低端、市场边界狭窄等问题。云南白药前期散剂、配剂、普通橡胶膏剂的包装给人一种低档次的感觉，因此云南白药集团首先从包装上往中高端包装方面优化，进入中高端消费市场。例如，云南白药牙膏刚进入牙膏市场的时候，面临的现实是佳洁士、高露洁和中华牙膏等品牌占领了几乎60%的市场份额。2004年，云南白药牙膏利用白药的独门秘方、独家生产优势和治疗功效，准确定位解决口腔问题的高品质功能性牙膏这个细分市场，赢得了消费者的信任，从而夺得了牙膏的一大片市场。

（四）研发潮流新品，修复认知断层

云南白药集团投入大量资金建立研发云南白药创可贴和云南白药膏的科研队伍，改变了传统单一的云南白药散剂售卖形式，衍生出云南白药胶囊、气雾剂（单效、双效）、创可贴、配剂、膏药等多种剂型，新推出的产品不仅传承了云南白药的传统特色，而且实现了深层次的创新，既满足了消费者多剂型的需求，又紧跟方便快捷的时代潮流，深受年轻消费者的喜爱。

（五）积极赞助社会活动，树立良好的社会形象

云南白药集团致力于塑造“济世为民”的形象，当国家遭遇自然灾害时，公司主动捐赠钱物、药物用于抗灾救灾，支持灾区建设。

4. 塑造个性化产品品牌形象

品牌形象是指消费者对品牌的总体感知。

企业品牌管理的核心就是塑造消费者心目中对企业和产品的正面品牌形象，以达到增强品牌竞争力、促进产品销售、提高产品溢价的目的。品牌形象是依据消费者有关品牌的推断形成的，这种推断既基于对产品

消费的经验，又基于外部的评价。实践中，人们对品牌形象的认识是从影响品牌形象的各种因素开始的，例如品牌属性、质量、特点、名称、包装、价格、声誉等，并通过体验和外部影响逐步深入。

品牌形象主要包括三种类型：一是功能形象，即实用性需求和外在的需求；二是象征形象，即个人的消费行为通过产品象征的消费来加强自我概念；三是体验形象，即消费者从消费产品中体会的快乐，告诉消费者用了该品牌能代表什么品位、什么档次、什么身份等，令消费者有归属感。

对于外观差不多的农产品，普通消费者很难区分其内在的品质差异，往往凭经验做出购买决策。因此，赋予农产品个性化的品牌形象十分重要，而个性化的品牌形象，往往需要不断提高产品品质、与众不同的特点以及独特的推广方式，特别是经由广告传达给消费者及潜在消费者时，让其对农产品形成极为深刻的印象和定位。

经验表明，农产品生产经营企业在品牌宣传中，一定要重点突出农产品品牌的历史、地理、传统、风俗等文化特征，这样有利于塑造农产品品牌个性，实现农产品与消费者之间积极的情感沟通，进而培育农产品品牌忠诚度。如美国加州牛奶“GOT MILK”的广告，每个明星的嘴唇上都有一抹牛奶小胡子，成为经典的标志，那撇牛奶小胡子长盛不衰。这则广告推出后，喝牛奶在青少年中渐渐成为时尚。

农产品品牌名称作用及命名策略

品牌名称是企业最重要的资产之一（Aaker，1991）。品牌名称之所以对企业至关重要，是因为消费者最早是通过品牌名称认知和理解企业产品的。从认知层面而言，品牌名称促进消费者对品牌的记忆和理解，是消费者识别产品的首要标志；从情感层面而言，品牌名称影响消费者的品牌态度，继而对形成消费者的购买欲发挥作用。

1. 品牌名称必须易于传播和推广

名称是品牌传递给消费者的第一个印象。一个好的品牌名称会给消费者留下好感，也会留下深刻的印象。简洁、上口、易读易记易懂、寓意吉祥的品牌名称是品牌传播的第一要素。比如香港的金利来，原名叫“金狮”，改为“金利来”后，吉祥如意的名字带来了好运，金利来能有今天的成就，与名字密不可分。响亮的品牌名称具有独特的传播功能，比如祝福别人“百事可乐，万事七喜，天天娃哈哈，月月乐百氏，年年步步高”等。好的品牌名称不但不会让消费者躲避，还会让消费者乐于去传播它。

可以说，让消费者听见看见品牌名称就忘不掉是品牌推广的最高境界，让消费者消费过产品后有说头、有想头、有品头是品牌推广成功的标志。比如一个做杂粮的企业，其品牌名称为“谷维源”，名称给消费者传达了五谷杂粮、谷物维生素的概念。

赋予农产品一个具有丰富想象力的品牌名称对农产品而言十分关键。例如，猕猴桃刚被引入新西兰时并不叫奇异果，而是叫猕猴桃、中国鹅莓、甜瓜等名字。后来为了便于品牌推广，猕猴桃被赋予了一个神奇的名字——“奇异果”，英文表达为 Kiwifruit。Kiwi 原本是新西兰的国鸟，有“奇异、神奇、神秘”的意思，改后的名字赋予了新西兰猕猴桃特别的品牌符号和文化意义。

调研发现，许多农产品生产、加工和营销企业没有一个响亮的、朗朗上口的品牌名称，既无卖点，也无亮点，更无特点，因此只能以最普通、最原始的农产品参与市场竞争，效果并不理想。拉丁谚语说：“名称预示着一切。”很显然，无论从主观还是客观来看，名称都是专门挑选出来传达品牌一定特征的。

2. 品牌名称可以通过法律手段抢占文字资源

品牌名称可以通过法律手段抢占文字资源，以达到垄断品牌资源的效果。当“可口可乐”“七喜”“蒙牛”“飘柔”等名称被使用后，就很难找到更贴切的词汇表达同样的“意味”，推动消费者购买相应产品的理由被这些名称垄断了。

相比之下，产品的广告、包装和产品造型等的创作空间就相当大，也给竞争者留下了较大的破解空间。

3. 农产品品牌命名策略

农产品品牌名称不应该只是一个简单的名称。农产品生产经营企业在产品开始推向市场之前，在研究产品定位时就应该确定品牌名称。

品牌专家建议，农产品品牌命名需要注意以下三个事项：一是简洁，越简单越好，字数以两个、三个为好，最多不要超过四个字；二是响亮上口，音调要响亮，谐音动听；三是口语化，要让大部分人一下子就能理解品牌名称的基本意思，不能使用生僻字或者有歧义的字。

具体来说，农产品品牌命名的策略主要有：

（1）独特性。

独特性是品牌命名的首要原则。Collins（1977）提出，品牌命名不仅应体现独特之处，更应该反映原创精神。照搬和模仿形成的品牌难以树立独特的品牌个性，既很难被消费者记住，也很难得到消费者认可。例如美国的“克宁”奶粉采用“KLIM”作为品牌名称，这是将英文“牛奶”（milk）倒序写成的原创单词，可见其构思之巧妙。

（2）简明扼要。

简明扼要指品牌名称在语言形式上要尽量简单，以便于品牌传播和消费者记忆。Robertson（1989）指出，品牌名称要做到易说、易拼、易读和易懂，才能称其为“简单”。鉴于语言形式上要简单的要求，品牌名称的字数不要太多，音节不要太长。

据日本《经济新闻》调查，品牌名称的字数对品牌认知有一定的影响，品牌名称越短越有利于传播；越简化的品牌，消费者的信息认知度越高。汉语品牌应以双音节为主，一般以两个字或三个字为宜，这符合国人的语言习惯；英语品牌应以 5 ～ 8 个字母为宜（王勇，2007），一般包含两三个音节即可。

（3）正面的品牌联想。

品牌名称应该能够形成关于产品功能和属性的正面联想。也就是说，品牌名称蕴含的语义能够赋予消费者美好、卓越、阳光、个性等积极的想象空间，并且这种品牌联想应与品牌产品的使用价值息息相关。如果一个品牌名称未能使消费者联想到其品牌产品，或者未能联想到品牌产品的正面形象，或者使消费者联想到与其毫不相关的产品，那么，这一品牌的命名无疑是失败的，企业应该反思原因所在。

（4）前瞻性和灵活性。

企业品牌名称是营销计划中最需要稳定的一个因素，而包装、广告和价格等都比名称更容易改变。因此，企业品牌名称决策应考虑企业未来的战略方向，具有前瞻性。Berry，Lefkowith & Clark（1988）指出，品牌名称除了要具有区别性、相关性（能传达服务的性质和服务利益）和可记忆性，还应该具有灵活性，能够涵盖目前的业务，同时也要能覆盖可预见的扩展业务。

此外，对于一些有志于“走出去”的农产品品牌而言，企业需要了解不同国家和地区文化环境差异，有针对性地对品牌名称进行调整，为开拓国际市场扫清障碍。一个成功的品牌名称可以超越国界，让各国的人们都能铭记于心。

农产品包装的重要作用

产品的同质化是市场上常见的现象。那么，怎样才能让产品更好地吸引消费者？著名的杜邦定律指出，大约 63% 的消费者是根据商品的包装和装潢进行购买决策的。正因如此，现在的市场经济被称为“眼球经济”。只有吸引消费者的注意，品牌才可能被消费者认知、了解并接受，产品最终才可能被消费者购买。因此，企业必须利用包装的影响进行品牌推广。

研究表明，一个产品的价值有 60% 来自它的包装。产品包装不能仅仅要求设计独特、漂亮，还要能够让产品“自己会说话”，把产品的功能、特点、好处等恰如其分地表现出来。作为品牌的外在表现，产品包装是企业希望自己的产品能够给消费者留下什么样的感觉、包装所代表的品牌在消费者的心中形成什么样的烙印以及怎样才能成功地吸引消费者对自己的产品产生购买欲望。对企业而言，包装不再被认为是浪费资源，而是企业营销战略的一个重要组成部分。

1. 产品包装的作用

（1）包装是一种销售力。

产品包装首先表现为销售力，承担着吸引消费者的主要功能。调研发现，好的产品包装能够加深消费者对产品品牌的印象，能够更好地提升企业的知名度。一款成功的包装可以激发消费者的尝试兴趣，从而刺激消费者的购买欲望。《韩非子·外储说左上》记载了一则“买椟还珠”的故事：一个郑国人从楚国商人那里买到一颗珍珠，珍珠由一个精美漂亮的木盒包装，郑国人竟然将盒子留下，而将珍珠还给了楚国商人。从某种意义上来讲，正是“精椟配美珠”的包装效果招徕了顾客，成功地引起了消费者关注，并使之有了购买的冲动。假如这颗珍珠被破纸包裹，即使珍珠再珍贵，相信也无人问津。

当消费者在购买商品时，商品包装对其购买行为的影响最直接、最强烈。特别是在商场和超市这样的大型商业网点，消费者直接接触商品，当面对货架上琳琅满目的商品和数不胜数的品牌，包装往往对消费者的购买行为有决定性的影响。

当前商品极大丰富，同一类产品竞品众多，各种品牌数不胜数，消费者应接不暇。因此，消费者对每个产品的关注时间非常短暂。企业必须抓住消费者的眼光从货架扫过的一瞬间，否则，再要引起消费者的注意就非常困难了。这就要求产品包装能够综合利用颜色、设计、包装材料等元素，创新设计思路，满足消费者诉求，对消费者形成较直观的冲击，在最短时间内有效完成吸引消费者的目的。

例如，日本的农产品品质很高，收获之后会进行分拣，然后再进行精心包装。为了保持农产品的新鲜与口感，便于消费者选择与储存，日本农产品企业一般都会用可降解的绿色环保盒和保鲜膜对农产品进行包装。日本农产品超市中所有的农产品都是包装好的，并按照不同消费者的需求包装。如果农产品个头较大，就会按个或者半个来包装；如果农产品个头较小，就会用包装盒将几个包装在一起；如果消费者是买来当作礼品送人的，又会有专门的礼品袋。日本农产品的礼品袋有很多都是由专业设计师设计的，既考虑到实用性，又兼顾观赏性，甚至可以被当作优秀的文创产品。我国的农产品包装则比较落后，即使是在很多大型的超市果蔬也大多是散装销售，且普通商品和优质商品往往混在一起，消费者根本无法识别果蔬的品牌和质量，优质产品往往竞争不过普通产品，导致生产优质产品的农户和企业没有积极性。优质农产品在生产、加工、冷链物流等方面的成本显然要高于普通农产品，之所以会出现优质无法优价的情况，一个重要的原因是优质农产品没有品牌，也不重视包装，当然无法同普通农产品进行有效的区隔。

此外，好的农产品包装还可以起到品牌宣传的作用。我国从日本进口的很多水果都很受消费者的欢迎，尤其是一些有创意的产品包装袋，经常被媒体争相报道。这些包装不仅能够提高农产品价格，而且还能够为农产品品牌做免费宣传。

（2）包装是一种品牌力。

通常情况下，消费者并不了解农产品的品质，因此需要借助农产品的包装设计来宣传，这一点是许多农产品企业所忽视的。长期以来，我国农产品生产经营者对农产品包装没有给予足够的重视，更多的是将精力和资金用在产品研发、渠道建设上，因此存在“一等产品，二等包装，三等价格”的现象。可以说，包装不醒目、不出彩正是农产品销售困难、价格不高和品牌效应难以发挥的重要原因之一。

产品包装是品牌形象的重要组成部分，也是品牌持续传播的重要载体。如果产品包装没有特色或过于简陋（企业常常出于成本的考量而不愿投入更高的成本进行包装），就会降低其在消费者心中的地位和形象，这无助于产品的销售。而特色鲜明的包装一旦与产品本身品质相符合，便会引发消费者的购买欲望。一些消费者在使用过产品之后对包装爱不释手，有的甚至将产品包装作为艺术品珍藏。

随着经济社会的快速发展，人们的生活水平越来越高，消费观念也在不断地发生变化。21 世纪是品牌消费的时代，同时也是个性化消费的时代，消费者（尤其是年轻一代的消费者）在购买商品时，有时不仅为了满足物质需要，更加注重商品给自己带来的精神享受和个性满足，而产品包装被赋予了价值表达、个性张扬、品牌宣传等诸多功能。这就要求农产品生产经营者在产品包装上下功夫，满足年轻一代消费者的综合需求，提高包装的品牌力。

（3）包装是一种亲和力。

作为终端销售利器，产品包装直接面对的是广大消费者，因此应该充分体现产品的亲和力，使消费者对产品产生愉悦感和归属感。企业一定要站在消费者的角度思考，精心设计产品包装，让消费者第一次接触产品就能够产生好感，并最终影响其购买决策。

成功的产品包装设计既具有商业价值更具有艺术欣赏价值。现代销售观念认为，不具有引起消费者心理上好感的商品难以左右消费，一定要让包装设计者的思维心理和购买者的需求心理产生共鸣，包装的色彩、图案、造型、材质、口号、形象等都要能抓住消费者的眼球，引起消费者的兴趣和喜爱。

2. 包装要表达鲜明独特的企业形象

产品包装要把企业产品的概念形象转化为视觉形象，消费者通过视觉能够感受到企业的价值观念、产品概念与理念内涵。产品包装通过整体规划和设计的视觉符号，形成独特的个性和强烈的冲击力，使包装体现企业经营理念、价格观念、文化特色和产品特点，从而直接影响消费者对商品品质的信心与企业形象的认同，达到提高企业知名度、提升消费者忠诚度和提升企业形象的目的。

不同的农产品包装是不一样的，但每一种农产品的包装都被赋予了企业的观念和诉求、设计者的思想和理念。无论是企业还是设计者，最终都希望通过精心设计的产品包装更好地吸引消费者达到销售的目的，既不是为了包装而包装，也不是为了哗众取宠。

因此，农产品包装应注入企业文化的思想与理念内涵，准确表达鲜明独特的企业形象。

3. 包装设计要符合消费者的需求

产品包装设计有四大原则，即科学、经济、可靠、美观。科学是指包装设计必须首先考虑包装的功能，达到保护产品和扩大销售的目的；经济是指包装设计必须做到以最少的财力、物力、人力来获得最大的经济效果；可靠是要求包装设计保护产品可靠，不能使产品在各种流通环节上损坏；美观是广大消费者的共同要求。科学、经济、可靠是农产品包装最基本的需求，美观则是对包装设计进一步升华的要求。此外，农产品包装还要与众不同，需要在材料选择、包装设计上充分考虑农产品的特性、销售市场的特点以及消费者的消费心理等因素。

从产品品牌包装的角度考虑，企业只有倾听消费者的声音，满足消费者的需求，这样产品的包装和宣传的内容才更有针对性。通常情况下，在产品正式投放市场之前，成熟的企业往往对产品包装有多个备选方案。那么如何选择最佳方案，又该如何最大限度地降低决策风险？通常的做法是，在目标消费人群中进行测试，倾听消费者的心声，让消费者回答最喜欢的包装是什么。这样，企业就能够得到准确的答案。

（1）包装设计要新颖独特，引起消费者的情感共鸣。

当前，消费者对产品的包装要求越来越高，对农产品的包装也是如此。这就要求企业在包装的创新性与设计风格上下功夫，设计构思要新颖独特并充分体现个性。具体来说，产品包装设计一定要讲究形式美和内涵美的完美统一，综合考量消费者情感、产品功能和人文风俗等诸多因素，力求使产品包装设计既有独特的艺术风格又能充分表达产品的品质。

专家认为，在商品同质化现象日趋严重的今天，消费心理的差异性决定了商品包装必须具备多维的情感诉求，这样才能吸引特定的消费群体，使其产生预期的购买行为。好的产品包装应当能够引起消费者的情感共鸣。以褚橙为例，褚橙的创始人褚时健创造了一个时代的励志符号。褚橙的包装设计者充分将褚时健传奇的人生经历和性格融入产品理念。励志和创业，以及老骥伏枥、自强不息的精神，这些赋予了褚橙丰富的精神内涵，满足了消费者对产品的情感需求。正是因为创始人在坎坷经历下的坚持、产品的原生态品质、包装设计理念上的合理化与文化性，以及设计者对消费者的个性特征和消费心理的深入研究，才共同促成了褚橙包装设计的成功。

（2）包装要适度。

没有包装的产品或者包装普通的产品，很难吸引消费者的注意，达不到产品宣传推广和销售的目的。正所谓过犹不及，产品包装设计要新颖独特并不是说越炫越好、越酷越好，更不是说越怪异越好。事实上，有的企业为了追求所谓的与众不同和差异性，在产品包装尤其是外观设计上绞尽脑汁，结果包装设计与产品特点严重不符，消费者看了也是一头雾水，既不理解企业通过包装想要表达的意思，又对产品本身不了解，结果企业耗费了大量人力物力财力，产品包装效果却不尽如人意。更有甚者，在产品包装上下的功夫超过产品品质本身，包装所花费的成本（设计、材料、制作等）也高于产品本身，消费者购买后往往大呼上当。可以想见，这样包装的产品根本不可能有美誉度、忠诚度，在销售上也是“一锤子买卖”，产品的销售前景可想而知。

产品的包装不能仅仅追求设计方案的与众不同和色彩漂亮，更重要的是让消费者能够完全了解产品的功能与特性。产品包装只是成功吸引消费者的第一步，产品的品质才是理性消费者最终是否购买产品的决定性因素。包装与产品本身的质量、价格、品位等千万不能本末倒置，否则包装设计过于花哨、成本过于高昂的产品最终会被消费者所抛弃，这样的产品是注定要失败的。

（3）突出品位与层次需求。

不同收入水平、消费能力和消费观念的消费者具有不同的生活质量和需求，作为企业而言，在产品包装设计上应考虑不同层次的消费需求，从多角度、多方面、多层次进行包装设计定位。

从消费者性别和年龄层次而言：第一，老年群体更加注重包装和内容的质朴与实在，针对老年群体的包装设计就不能一味追求色彩艳丽，整体上应该偏向朴素和简洁大方。第二，年轻群体的特点是标新立异、性格张扬，喜欢与众不同和表现自我，针对年轻群体的包装设计一是要在造型上大胆突破传统风格，二是要在色彩方面张扬个性与引导时尚潮流。以矿泉水为例，目前国内外矿泉水品牌数不胜数，消费者在口感上很难加以区分。有精明的厂家在包装上做文章，一些造型新潮、色彩鲜亮的矿泉水很受年轻消费群的青睐。第三，以儿童群体为销售对象的产品，应在包装设计上体现新奇、可爱、萌宠、卡通化的效果。第四，产品包装应根据性别的不同而有所区别，针对男性的产品包装设计要体现冷静粗犷的风格，针对女性的产品包装设计要体现柔美、温和、细腻的风格。

农产品包装语言

农产品包装是产品的形象、理念、特性、消费心理的综合反映，是走进消费者视觉感受的第一步。俗话说“人靠衣装马靠鞍”，成功的包装是农产品在竞争中脱颖而出的利器。在农产品外包装的方寸天地上，农产品生产经营者到底要向消费者说些什么？怎么说才能让消费者更好地接受并愿意购买这种农产品？这是广大农产品生产经营者和产品策划人员需要重点思考的问题。

1. 农产品包装语言的重要性

包装语言指在产品包装上，商家通过文字、图形、符号的设计与编排，表达自己的思想以吸引消费者。同样的意思，不同的人表达的方式可能有所不同，有的直接、有的委婉，有的粗俗、有的优雅。农产品的包装语言是否成功有几个关键的衡量标准：一是要看它是否符合传播规律，二是要看它是否能够吸引消费者的眼球，三是要看它是否有利于塑造农产品的品牌。

2. 我国农产品包装语言的不足

我国农产品包装整体比较落后，包装语言的问题比较突出。

以水果包装为例。实践中，很多水果生产经营者把包装上的重要位置留给了“苹果”“香蕉”“猕猴桃”“西瓜”等产品名，而没有充分凸显自己的品牌，白白浪费了宣传品牌的机会。如果在农产品包装上没有显著的品牌标志，那些品质高、有特色的农产品很难与普通的农产品形成区隔，是很难吸引消费者的。所以，必须在农产品包装上突出企业的品牌，既要让消费者看到农产品，又要让消费者看到、想到某一农产品品种就想起某品牌。

部分农产品生产经营者认为农产品本来就是土生土长的，说不定消费者就是喜欢土气的包装甚至“越土越好”。农产品生产经营者最容易犯的错就是把形象做得太土，实际上“土”不可怕，可怕的是“土”得没有品位、没有特点、没有内涵。消费者确实青睐土生土长的天然农产品，但从消费心理来看，消费者真正喜欢的是“土”的内涵——原汁原味、原生淳朴，而不是“土”的形式。即使“土”，也要土得有品位。也就是说，农产品包装的“土”不等于简陋、随意、低端。

分析指出，我国农产品包装语言之所以会出现“土”的问题，很重要的原因是农产品生产经营者更多注重农产品包装的物理功能，忽视了包装的营销功能。包装赋予农产品外在的保护层，有着保护产品、方便储运、降低损耗等基本作用。在充分竞争的市场经济条件下，包装还肩负着促进销售、增加利润的重任。

3. 农产品包装语言中区域公用品牌和产品品牌的用法

包装语言设计中还要注意农产品区域公用品牌和产品品牌的用法。例如，二者先谈哪个；包装上应标注“眉县猕猴桃”还是“齐峰猕猴桃”，“烟台苹果”还是“泉源苹果”，“东北大米”、“吉林大米”还是“梅河大米”，等等。

农产品区域公用品牌和产品品牌的使用要根据市场实际。如果产品品牌足够强势，在市场上有一定知名度，影响力超过区域内同类产品时，就可以以产品品牌为主，兼带农产品区域公用品牌，塑造该产品是区域内同种产品龙头、代言人的形象。或者只使用产品品牌，方便品牌管理和把控，避免受到区域内其他品牌的影响。比如，陕西眉县的齐峰果业是当地猕猴桃产业的龙头，其自身品牌过硬，具有较强市场影响力。如果强制齐峰果业使用“眉县猕猴桃”这一农产品区域公用品牌，就等于把齐峰果业和其他从事猕猴桃生产经营的小企业掺杂在一起，体现不出齐峰果业的优势，浪费了齐峰果业辛辛苦苦积累的品牌影响力。

4. 农产品品牌符号设计

专家认为，人们对商品的认识首先是通过包装，并在视、听、嗅、触等感官的协同作用下获取商品的全面信息。色彩作为视觉信息的第一信号，是设计师传达商品信息的重要语言形式，也是包装设计的重点之一。不同的色彩会给人带来冷暖感、空间感、重量感及酸甜苦辣的味觉感。农产品包装的色彩设计应该符合自然美观、简洁大方的原则，满足消费者对农产品自然、简洁的审美需求。以河南省灵宝市的灵宝苹果为例。“灵宝苹果”是灵宝市苹果产业的区域公用品牌，其符号设计充分体现在地性原则，定位“高原苹果”，提炼黄土高原形象，与苹果产品形象进行结合，让消费者能够直观感受到苹果来自黄土高原，而黄土高原象征着气候、土壤、生态等一系列特定环境。同时，灵宝苹果集中主张“天赐高原好果”，将其作为最大的利益点，传达黄土高原的自然资源优势孕育出好苹果的概念。总之，灵宝苹果以生长环境为基础提炼出来的符号元素、品牌主张等，有助于引导消费者对品牌的价值感知，从而有利于灵宝苹果品牌溢价能力提升。

农产品品牌符号系统要结合本土资源特色。通常情况下，消费者对产品的品质认知并不是完全理性的，只是主观地从产品知名度、产品包装等方面进行判断。因此，设计一套优秀的品牌符号十分关键，因为品牌符号即是最直观的传播。品牌符号是区别产品或服务的基本手段，包括名称、标志、基本色、口号、象征物、代言人、包装等元素。这些元素有机组合，对消费者综合产生影响。

5. 农产品区域公用品牌符号设计

农产品区域公用品牌是建立在区域内独特的自然资源、产业资源基础上的，具有鲜明的区域特征。因此，农产品区域公用品牌的符号设计要遵从在地性原则，也就是要结合本土元素对品牌的精神内涵进行梳理和提炼，运用符号设计手段将本土元素与品牌精神内涵这两者进行有机融合，并由此形成该品牌独特的主张。

下面以农产品区域公用品牌“井冈山”的品牌建设为例加以说明。

【案例 3-7】

井冈山地区属于革命老区，农业发展到现在已经初具规模。井冈山地区自然生态环境优越、生态农业基础良好、农业特色产业丰富，拥有广阔的生产基地和得天独厚的农业资源。

在农产品区域公用品牌“井冈山”标志设计中，除了体现农产品品牌的基本特色外，还加入了红色文化元素，如井冈山的红色遗迹、红色事迹和红色精神，打造具有井冈山地域特色的符号。品牌标志设计以图形和文字组合形式表现，图形由起伏的山峦与纵横交错的水系交织而成，展现了井冈山的自然山水、优质生态。品牌名称采用厚重的字体书写，展示了井冈山深厚的文化底蕴和原始、朴素、自然的农产品味道。

区域农产品的包装材料和工艺可根据农产品自身的特殊性和销售需求进行选择。具有地方特色的天然材料成本相对较低，地域特色鲜明，非常适合用作特色农产品的包装设计材料。井冈红米采用可被降解的古朴牛皮纸袋和棉质外衣，用揉制而成的纸藤一圈一圈地绑紧扎牢。质朴的包装材料更加贴近区域公用品牌“井冈山”的文化本质，让消费者深深体会到革命战争时期人们的朴素品格。

农产品包装采用插画是体现地域文化的最好方式。方言、饮食、信仰、建筑和民俗等因素都可以在地域文化中展现出来。“井冈山”农产品区域公用品牌包装插画将农产品打造成有故事的“文化人”，通过描述革命战争时期农产品的手工生成过程以及自然环境，向消费者传达自然、营养、健康的理念。通过注入挑粮扁担、斗笠、农具、餐具、油灯、红色印章、袖章和旗帜等红色文化元素，整个设计方案既体现“井冈山”区域公用品牌农产品生态、质朴、乡土的风格特色，又强调其艰苦奋斗、积极向上的文化与精神品质。

农产品商标的规定与应用

随着现代农业的快速发展，农业生产经营者的商标建设意识也在不断提升。通过注册农产品商标，注册人拥有该商标的专用权，受到法律保护，既有利于保护农产品的品牌，又可以提高农产品的市场竞争力。

1. 商标的概念及分类

《商标法》第三条规定，经商标局核准注册的商标为注册商标，包括商品商标、服务商标和集体商标、证明商标；商标注册人享有商标专用权，受法律保护。商品商标是指商品生产者在自己生产或经营的商品上使用的商标。商品商标可以是具有某种含义或毫无任何意义的文字、图形或其组合。只要不违反法律的禁用条款，不损害公共道德或他人的利益，具有商标的显著性，均可成为商品商标。服务商标又称服务标记或劳务标志，是指提供服务的经营者为将自己提供的服务与他人提供的服务相区别而使用的标志。服务商标一旦被服务企业所注册，该企业就拥有了对该服务商标的独占专有使用权，并受法律的保护。与商品商标相比，服务商标出现较晚，我国在 1993 年修订的《商标法》中增加了服务商标的规定，加强对服务商标保护的意义在于创造服务行业公平竞争机制，有利于第三产业的发展。

这里需要介绍一下普通商标，普通商标是指在正常情况下使用未受到特别法律保护的绝大多数商标，是与驰名商标相对应的一种商标。普通商标的特点有：一是表明商品或服务出自某一生产经营者；二是注册申请人须是依法登记的经营者；三是须按《商标法》及其实施细则规定提交申请；四是必须在自己经营的商品或服务上使用自己的注册商标；

四是如果许可他人使用商标，必须与他人签订许可合同；五是受让者包括依法登记的个体工商户、合伙人；六是只需失效一年后商标局就可以核准与之相同或近似的商标注册。

2. 集体商标的概念和特征

1994 年国家工商行政管理局首次发布了《集体商标、证明商标注册和管理办法》。1995 年我国在第三次修订的《中华人民共和国商标法实施条例》第六条中首次将集体商标、证明商标纳入了法律的保护范畴。2001 年我国第三次修订的《商标法》第三条中明确增加了对集体商标、证明商标的保护规定和界定。

（1）集体商标的概念。

集体商标，是指以团体、协会或者其他组织名义注册，供该组织成员在商事活动中使用，以表明使用者在该组织中的成员资格的标志。部分国家由一些企业的联合会作为代表去注册，有时由领导这些企业的政府机关代行注册。集体商标的作用是向用户表明使用该商标的企业具有共同的特点。

集体组织既可以申请注册集体商标，也可以申请注册普通商标，但两者有以下几点区别：一是集体商标与普通商标均表明商品或服务的经营者，但集体商标表明商品或服务来自某组织，提供商品或者服务的是这个集体的一个成员、普通商标则表明商品或服务来自某一经营者。二是集体商标只能由某一组织申请注册，普通商标则可以由某一组织或某一个体经营者申请注册。三是申请集体商标必须提交使用管理规则，申请普通商标无此要求。四是集体商标不能准许本组织以外的成员使用，普通商标可以许可本组织以外的成员使用。五是集体商标准许其成员使用时不必签订许可使用合同，普通商标许可他人使用时必须签订许可使用合同。六是集体商标失效后两年内商标局不得核准与之相同或近似的商标注册，普通商标则只需失效一年后商标局就可以核准与之相同或近似的商标注册。

农产品集体商标的使用既有利于创立企业集体信誉、提升产品价值、保护和开拓国内外市场，也有利于提升地方的知名度和提高农产品的市场竞争力。经过长期的发展，我国产生了为数不少的农产品集体商标，以茶叶为例，有“云雾”“乌龙”“铁观音”等。

（2）集体商标的注册条件。

集体商标必须由工商业团体、协会或者其他集体组织注册和拥有，否则就会产生不公平占有和不公平竞争，导致无控制的滥用，最终损害公众利益。办理集体商标注册申请除提交一般商标所需要的证明文件之外，还应附送申请人的主体资格证明和商标使用管理规则。申请人主体资格证明是指依法登记的工商业团体具有法人资格的企业、事业单位、协会及其他团体组织的证明文件。集体商标的使用规则应包括集体商标的宗旨、使用该商标的条件、使用该商标的手续以及集体成员的权利、义务和违反该规则应承担的责任等。

（3）集体商标的特征。

集体商标具有以下特征：一是集体商标不属于自然人、法人或者其他组织，属于由多个自然人、法人或者其他组织组成的社团组织，表明商品或服务源自某一集体组织，这一集体可以是某一特定的行会、商会等工商业团体或其他集体组织，具体商品或服务的提供者是集体的成员。二是以各成员组成的集体名义申请注册和所有，由各成员共同使用的一项集体性权利，只有具有法人资格的集体组织才可以提出申请，并以集体的独立名义拥有商标权。三是集体组织通常不使用该集体商标，而由该组织的成员共同使用。不是该组织的成员不能使用，每个成员都有平等使用的权力，成员间不存在隶属关系，对违反使用规则的成员进行处理。四是集体商标的注册、使用及管理均应制定统一的规则，详细说明成员的权利、义务和责任，以及管理费用的数额和用途并公之于众。五是当集体商标受到侵害而请求赔偿损失时，应包括集体组织成员所受的损失。六是成员退出该集体后就不能再使用该集体商标，新成员加入集体后可以因获得成员的身份而使用该集体商标，成员身份不可以转让，以身份关系为基础的商标使用权也不得转让。七是地理标志可以作为集体商标注册。以地理标志作为集体商标注册的，其商品符合使用该地理标志条件的自然人、法人或者其他组织，可以要求参加以该地理标志作为集体商标注册的团体、协会或者其他组织，该团体、协会或者其他组织应当依据其章程接纳为会员。不要求参加以该地理标志作为集体商标注册的团体、协会或者其他组织的，也可以正当使用该地理标志，该团体、协会或者其他组织无权禁止。

集体商标在我国是可以转让的。我国《集体商标、证明商标注册和管理办法（2003 年修订）》第十六条明确，“申请转让集体商标、证明商标的，受让人应当具备相应的主体资格，并符合商标法、实施条例和本办法的规定。集体商标、证明商标发生移转的，权利继受人应当具备相应的主体资格，并符合商标法、实施条例和本办法的规定”。

3. 证明商标的概念和特征

证明商标又称保证商标。《商标法》第三条对证明商标的定义为：

"本法所称证明商标，是指由对某种商品或者服务具有监督能力的组织所控制，而由该组织以外的单位或者个人使用于其商品或者服务，用以证明该商品或者服务的原产地、原料、制造方法、质量或者其他特定品质的标志。"

（1）证明商标的特点。

证明商标的特点主要有：一是由某个具有检测和监督能力的组织注册和控制，由注册人以外的其他人使用，注册人自己不能使用该注册的证明商标；二是不是表示商品或服务来源于某个经营者，而是用以证明商品或服务本身出自某原产地，或具有某种特定品质的标志；三是准许使用程序是一个公平开放的程序，只要当事人提供的商品或服务达到证明商标所要求的标准，履行了必要的手续之后，就可以使用该证明商标，证明商标所有人无权拒绝；四是由多个人共同使用的商标，其注册、使用及管理必须制定统一的管理规则并公之于众，让社会各界共同监督，以保护商品与服务的特定品质，保障消费者利益；五是商标所有权可以转让给具有相应检测和监督能力的法人；六是以地理标志作为证明商标注册的，其商品符合使用该地理标志条件的自然人、法人或者其他组织可以要求使用该证明商标，控制该证明商标的组织应当允许。

（2）证明商标的分类。

证明商标分为地理标志证明商标和品质证明商标两种类型。

1）地理标志证明商标。

地理标志证明商标，是指标示某商品来源于某地区，并且该商品的特定质量、信誉或其他特征主要由该地区的自然因素或人文因素所决定的标志。WTO（世贸组织）发布的《与贸易有关的知识产权协议》（简称 TRIPS）规定了成员对地理标志的保护义务。TRIPS 对“地理标志”作了定义：地理标志是指证明某一产品来源于某一成员国或某一地区或该地区内的某一地点的标志。该产品的某些特定品质、声誉或其他特点在本质上可归因于该地理来源。

申请地理标志证明商标是目前国际上保护特色产品的一种通行做法。通过申请地理标志证明商标，可以合理、充分地利用与保存自然资源、人文资源和地理遗产，有效地保护优质特色产品和促进特色行业的发展。带有地理标志证明商标的农产品价格普遍比同类产品价格高出 20% ～ 90%。地理标志农产品的价格比没有注册保护时的价格平均增长了 87.69%。种植地理标志农产品的农民年平均收入占年种植总收入的 38.78%，比没有地理标志保护时增长了 73%。例如山东省章丘市的大葱在注册并使用地理标志证明商标“章丘大葱”后，价格由注册保护前的每公斤0.2～0.6元上升到1.2～5元，注册保护后的价格是注册前的2～5倍。

2）品质证明商标。

品质证明商标是证明商品或服务具有某种特定品质的标志。

（3）证明商标与普通商标的区别。

证明商标与普通商标具有以下几点区别：一是证明商标表明商品或服务具有某种特定品质，普通商标表明商品或服务出自某一经营者；二是证明商标的注册人必须是依法成立，具有法人资格，且对商品和服务的特定品质具有检测和监督能力的组织，普通商标的注册申请人只需是依法登记的经营者；三是证明商标申请注册时必须按照《集体商标、证明商标注册和管理办法》规定，提交管理规则，普通商标只需按《商标法》及实施条例规定提交申请；四是证明商标的注册人不能在自己经营的商品或服务上使用该证明商标，普通商标必须在自己经营的商品或服务上使用自己的注册商标；五是证明商标准许他人使用必须依照《集体商标、证明商标注册和管理办法》的规定履行手续，发给准用证，普通商标许可他人使用必须签订许可合同；六是证明商标与普通商标都可以转让，但证明商标的受让人必须是依法成立，具有法人资格和具有检测和监督能力的组织，普通商标的受让人包括依法登记的个体工商户、合伙人；七是证明商标失效两年内商标局不得核准与之相同或近似的商标注册，普通商标则只需失效一年后商标局就可以核准与之相同或近似的商标注册。

4. 地理标志申请商标

地理标志商标既可以作为集体商标申请注册，又可以作为证明商标申请注册。

《集体商标、证明商标注册和管理办法（2003 年修订）》第六条规定，“申请以地理标志作为集体商标、证明商标注册的，还应当附送管辖该地理标志所标示地区的人民政府或者行业主管部门的批准文件。外国人或者外国企业申请以地理标志作为集体商标、证明商标注册的，申请人应当提供该地理标志以其名义在其原属国受法律保护的证明。”第八条规定，“作为集体商标、证明商标申请注册的地理标志，可以是该地理标志标示地区的名称，也可以是能够标示某商品来源于该地区的其他可视性标志”。

综上所述，普通商标表明商品或服务的直接来源，集体商标表明该商品或服务隶属于哪个组织，证明商标表明该商品或服务的原产地、原料、制造方法、质量或者其他特定品质的标志，且由某个具有检测和监督能力的组织注册和控制，由注册人以外的其他人使用，注册人自己不能使用该证明商标。

第四章

农产品品牌打造策略

农产品品牌推广的主要方式

农产品品牌推广的方式多种多样，没有固定的模式。郑州大学营销研究中心农产品营销部的研究发现，近年来我国农产品营销中最有效的品牌推广方式为口碑传播、电视广告、利用产品本身的推广、公共关系、人员推销、网络广告、实地推广、终端促销等。

调研发现，部分农产品生产经营企业在农产品品牌推广上存在“自说自话”“对牛弹琴”的情形，根本的原因是没有找到目标消费人群，体现在推广方式上就是无法开展有针对性的教育、影响和说服购买，结果在浪费了大量的人力、物力和财力之后，企业并没有收获满意的营销效果。

很显然，要提升农产品品牌推广效果，找对目标消费人群很关键。也就是说，企业要清楚生产经营的农产品最终是准备卖给哪一类消费者的，这一类消费者的消费能力、消费习惯、消费心理又是怎样的。如果一种农产品定位为高端产品，就不能走街串巷销售，也不能选择路边店或小型的零售店；而如果定位于普通大众消费，则不适宜在高级大卖场中销售。

1. 口碑传播推广

口碑传播是指一个具有感知信息的非商业传播者和接收者关于一个产品、品牌、组织和服务的非正式的人际传播。大多数研究文献认为，口碑传播是市场中最强大的控制力之一。心理学家指出，家庭与朋友的影响、消费者直接的使用经验、大众媒介和企业的市场营销活动共同构成影响消费者态度的四大因素。

农产品消费是一种重在品质的消费，而品质只有经过体验才能被感知。感知的效果因人而异，只有满意的消费者才会积极地去为满意的产品做宣传，才能为品牌的推广做贡献。所以，口碑传播是农产品品牌推广最有效的手段之一。口碑传播的说服力比广告、促销等各类推广方式的说服力都要强，它比商家的产品广告及其他推广方式更容易为人们所接受。口碑传播也是企业推广的最高境界：让别人主动为你说好话，让消费者去为你的品牌做推广。

在亲朋好友之间交谈的时候，出于信任，人与人之间往往是没有戒心的，可以说信息直接到达受众的心底，受众几乎是完全接受的。口碑传播主要发生在关系亲密友好的人们之间的日常交谈中，消费者在体验农产品后，在对农产品满意的情况下，会不自觉地将其推荐给身边的亲朋好友，亲朋好友会受到很深的正面影响。这种传播方式并不是刻意而为之，没有精心的准备，没有专设的技巧，也没有天花乱坠般的宣传，却是直达内心、最直接、最有效的一种推广方式。

当然，口碑传播方式并不是没有条件和成本的，它最大的要求就是企业一定要确保农产品的品质，让消费者自愿去推广该产品。反过来，如果消费者体验不佳，对某一农产品品牌有了不好的印象，消费者也会在亲戚朋友间有意无意地进行“推广”，这种负面的“推广”对农产品品牌的伤害也最大。

2. 通过人员推销推广

人员推销是农产品推销的一种重要方式，主要做法是：农产品生产经营企业的销售人员与有农产品购买意向的消费者进行沟通交流，通过人员展示和介绍农产品，将农产品的重要信息传递给广大消费者，使消费者增加对该农产品功能、品质和品牌的了解进而购买该农产品。

农产品品牌的推广需要建立一支强大的产品推广队伍，要高度重视推销人员的招聘、培训以及不同方式的激励，让推销人员掌握推销技巧，提高农产品品牌推广的水平，并与消费者建立起长期的合作关系。

3. 利用产品本身推广

调研发现，在农产品品牌推广中，许多消费者对农产品本身的品牌推广感兴趣，以SOD蜜苹果为例，其将产品商标或品牌名称贴在果品上，通过改变日照结果将品牌文字或图案留在果品身上，这样消费者就可以直观地感受品牌。需要指出的是，这种推广方式并不适合所有的农产品。

4. 实地推广

与工业产品不同，农产品的品质与自然环境和地理因素息息相关，因此，消费者对农产品的天然生长环境、原产地更加关注，这也是一些具有地方特色的原产地农产品深受广大消费者青睐的主要原因。许多人乐意借旅游、出差等机会到农产品原产地，尤其是特色农产品原产地购物，有些人甚至专程到原产地购买特色农产品，这为农产品品牌实地推广提供了重要的机遇。

不过，实践中不少地方的农产品组织化程度还较低，品牌监管和保护意识较为淡薄，往往在出现某个地方的原地产农产品出了名、销量好、价格高的情况之后，同类农产品便会一拥而上、“攀龙附凤”，更有甚者竟然以次充好，导致该地的原产地农产品鱼龙混杂，良莠不齐。“好事不出门，坏事传千里。”一旦农产品品牌的坏名声传出去后，该原产地产品要想重新吸引消费者就很困难了。

5. 终端推广

农产品营销无论是采用直营方式还是利用中间商网络进行销售，最终都要通过终端进行产品的展示和销售。终端产品展示的形象直接影响消费者的购买欲望和购买行动。因此，农产品生产经营企业必须重视渠道终端现场的品牌推广工作。

终端品牌推广集中体现在品牌宣传、品牌展示（包装）、摆放位置、导购员的介绍等方面。如何设计吸引眼球的宣传品（海报、吊旗、条幅、展板等）及产品外包装至关重要；选择合适的摆放位置，集中、大量摆放统一品牌的农产品会产生较强的视觉冲击力；导购员得体的介绍，能够充分展示产品的卖点，传播品牌的文化内涵，更是品牌推广最有效的手段。

6. 建立网上农产品品牌推广基地

随着互联网和信息技术的快速发展，网络成为企业产品品牌推广的重要方式，农产品品牌也不例外。网络广告具有许多优点：形式多样、交互性强、实时互动、易于统计，可以说是当前最受年轻人喜爱的传播方式之一。

我国很多农产品生产经营者选择网络广告来推广其产品，并取得了较为明显的成果。不仅如此，越来越多的农产品生产经营企业开始选择在网上建立农产品品牌推广基地，主要通过以下三个方面来推广其农产品：一是展示企业形象，通过企业的介绍、获得的相关荣誉、取得的成就、行业的地位等展示企业的实力、信誉、成绩和风采；二是展示农产品的形象，重点是宣传推广农产品的品种、品质、特色等；三是展示农产品品牌形象，提高农产品品牌的知名度。

7. 利用公共关系推广

利用公共关系推广农产品品牌指的是通过塑造农产品生产经营企业的形象，提升农产品企业或农产品的美誉度和知名度，让公众对农产品企业产生美好、积极的印象，进而促进农产品的销售量。

当前适合农产品品牌推广的公关策略主要有：一是通过演讲或者会议展示，例如企业积极参与农产品交流会、博览会以及相关的专题研讨会，通过参加这些会议来宣传农产品的特点，展示农产品的品牌形象；二是充分利用消费者的相关活动进行农产品品牌推广；三是通过公益服务推广农产品品牌。企业可以通过向特定公众提供赞助或者积极参与相关公益活动来展示推广农产品品牌；四是协助媒体对企业农产品进行报道，以此来提升农产品品牌的美誉度和知名度。利用公共关系进行农产品品牌的推广，虽然见效较慢，但能够有效地树立企业的良好形象，促进农产品的品牌推广和传播。

总之，农产品品牌推广对于农产品的销售至关重要，农产品生产经营者在推广农产品品牌时，一定要根据市场情况并结合农产品的自身特点选择适合的推广方式，从而提升农产品品牌价值，增加农产品的销售量。

基于广告的农产品品牌推广策略

广告的目的之一，便是让品牌与消费者之间产生情感上的联系。联系越紧，消费者品牌忠诚度就越高。正如奥格威所说，“每一广告都是对品牌形象的长期投资”。也就是说，品牌形象是广告多次反复地将某一产品与某个意象、某种个性和象征长期联系在一起所产生的心理效应。

1. 广告是农产品品牌推广的主要方式之一

农产品是指来源于农业的初级产品，即在农业活动中获得的植物、动物、微生物及其产品。农产品广告是农业广告中的一类，主要用于介绍和推广农产品。目前，我国油料产品、奶类产品等深加工农产品的广告呈现较多，而初级农产品的广告较少。

在农产品广告推广过程中，农产品生产经营者首先要根据产品市场，明确农产品自身的优点，结合当前的市场环境对广大消费者的观念施加影响。农产品品牌推广者在制作广告时一定要贴合消费者的口味，以务实为主，突出农产品卖点，紧紧抓住广大消费者的心理和需求，刺激广大消费者的购买欲望。

广告推广的原则是坚持以最小的成本投入获得最大的经济产出。然而在新媒体环境下，企业广告的投入与回报严重不成比例，许多企业存在广告效益过低的问题，这一点在农产品广告投放上表现得尤为明显。究其原因，一是广告缺乏战略性；二是广告缺乏对媒体的选择性，无选择地做广告不仅浪费广告费，而且还会错失商机，影响农产品的销售；三是广告缺乏创新性，内容雷同，无法引起消费者的兴趣进而产生购买欲望。调研发现，多数农产品广告效果并不理想，例如，没有抓住农产品本身的特色、营养成分去宣传推广，而过多地在广告技巧方面下功夫，广告看似精彩，实际上消费者根本不知道广告想要表达什么意思，当然也产生不了购买农产品的欲望。

2. 明确农产品广告定位

艾·里斯和杰克·特劳特提出的“定位”概念，已被国内外公认为广告策划最基本的、最具划时代意义的理论之一。定位就是在未来潜在顾客心中，或者说是用广告在消费者的心中找出一个位置。这个位置一旦建立起来，就会使消费者在需要解决某一特定消费问题时，首先考虑某一品牌的产品。将“火力”集中在一个精准的目标上，在消费者的心智上下功夫，创造出一个心理位置。运用广告创造出独有的位置，特别是“第一说法、第一事件、第一位置”。因为只有创造“第一”，才能在消费者心中留下难以忘怀的或不容混淆的印象。

经过多年的探索和实践，国内部分农产品在广告定位方面已经有了长足的进步，尤其是大米、茶叶等农产品品类，农产品品牌广告定位明确，产生了明显的“第一”效果。

广告定位方法很多，其中比附定位法就是企业常用的方法之一。所谓比附定位就是攀附名牌，比拟名牌来给自己的产品定位，希望借助知名品牌的光辉来提升本品牌的形象。

比附定位通常采用三种方式来实施：一是“老二主义”，就是企业（农产品生产经营企业）明确承认市场的“第一品牌”，自己只是市场的“第二品牌”。这种策略会使广大消费者对企业产生一种谦虚诚恳的印象，并且相信企业所宣传的都是真实可靠的，这样较容易使消费者记住。“老二主义”最著名的例子就是美国阿维斯出租汽车公司“我们是老二，我们要进一步努力”的定位。在国内，蒙牛开始成立时使用的广告口号有：“伊利做内蒙古第一，蒙牛做内蒙古第二”，“发展民族工业，向伊利学习”，“让我们做的和伊利一样好”等，“老二”攀附策略取得了明显成效。二是“攀龙附凤”，在某地区或在某一方面与最受消费者欢迎和信赖的品牌并驾齐驱，平分秋色。如内蒙古的“宁城老窖——塞外茅台”，又如美国西北樱桃将自己的产品定位为高档产品，把樱桃比作水果中的钻石，以钻石的高贵来提升樱桃的价值。三是高级俱乐部，公司如果不能取得本市场第一地位又无法攀附第二名，则借助群体的声望和模糊的手法，打出限制严格的俱乐部式的高级群体牌子，强调自己是这一高级群体的一员，从而借助俱乐部其他市场领先品牌的光辉形象来抬高自己的地位。例如美国克莱斯勒汽车公司的“美国三大汽车之一”，这种定位使消费者感到克莱斯勒和通用、福特一样都是最好的汽车生产商。

3. 广告信息内容创新

广告信息内容包含广告主题、广告语、广告口号等。广告人叶茂中认为，“一个好的广告方案总是能说出目标消费者心里所想，或消费者未意识到的需要。对于一个广告方案最高的奖赏就是，消费者从广告方案中找到了自己想的东西——‘是的，这正是我要的’”。

罗素·瑞夫斯提出广告信息内容的USP策略，即“独特的销售主张”，认为广告信息必定包含特定的商品效用，必须是独特的、唯一的，或是其他同类产品不具有或没有宣传过的。在此基础上，进一步深入分析消费者的消费习惯和消费心理，提炼出符合消费者某一方面的心理需要、能与消费者产生共鸣的信息。

农产品的同质性较强，目前所见的广告作品大多停留在最基本的信息告示水平，广告诉求多为功能诉求，核心主题不突出。广告作品差异性较小，识别性较弱，因此广告效果较差，企业主进行农产品广告宣传的积极性不高。

新媒体时代农产品品牌传播

传统的品牌传播形式中，广告常常处于核心地位，这也是企业运用最普遍的一种宣传方式。广告对企业品牌传播起着重要的作用，不过，在大多数情况下，广告站在广告主的角度进行说教、宣传，缺少与目标消费群体，尤其是重点目标消费群体的直接沟通交流，导致广告性价比不高，这也是很多企业不愿意花金钱和时间投放广告进行品牌宣传的重要原因。

随着经济社会的快速发展和技术的迅速进步，智能手机、电脑等已进入寻常百姓家，互联网也普及到城乡千家万户，企业和产品传播进入新媒体时代。目前，微信、微博、公众号等已成为非常有效的农产品推广工具和品牌传播方式。

1. 新媒体以数字技术为代表

新媒体是指利用数字技术，通过计算机网络、无线通信网、卫星等渠道，以及电脑、手机、数字电视机等终端，向用户提供信息和服务的传播形态。从空间上来看，新媒体与传统媒体相对应，特指当下以数字压缩和无线网络技术为支撑，利用其大容量、实时性和交互性，可以跨越地理界线最终得以实现全球化的媒体。广义的新媒体包括两大类：第一类是基于技术进步引起的媒体形态的变革，尤其是基于无线通信技术和网络技术出现的媒体形态，如数字电视、IPTV（交互式网络电视）、手机终端等；第二类是随着人们生活方式的转变，以前已经存在而现在才被应用于信息传播的载体，例如楼宇电视、车载电视等。狭义的新媒体仅指第一类。

严格来说，新媒体应该被称为数字化媒体。清华大学熊澄宇教授认为："新媒体是一个不断变化的概念。在今天网络基础上又有延伸，无线移动的问题，还有出现其他新的媒体形态，跟计算机相关的。这都可以说是新媒体。"以数字技术为代表的新媒体，其最大特点是打破了媒介之间的壁垒，消融了媒介、地域、行政甚至传播者与接受者之间的边界。

2. 新媒体的主要特征

（1）针对不同的受众精准推送。

报纸、杂志、广播、电视等传统媒体面对的对象特征大众化，即传播对象是普通群众。新媒体面对的则是更加细分的受众（老年人、中年人、青少年等）、不同的群体（中高端消费人群、普通消费人群）甚至特殊的群体（对产品尤其是功能性食品有特殊需求的人，如需要减肥的人群、需要美容的人群等）。换句话说，每个新媒体受众最终接收的信息内容既可以是一样的，也可以是完全不同的，这与传统媒体受众只能被动接受毫无差别的内容有很大不同。

因此，在新媒体快速发展的时代，农产品生产经营者需要应时而变，在传播和推广农产品品牌的过程中按照新媒体的特点和规律，紧抓农产品的特点，深挖农产品的卖点，剖析消费者的需求点，重点向细分的受众、特殊的群体有针对性地宣传农产品品牌。

（2）实现企业与受众之间的即时交互。

众所周知，传统媒体是“主导受众型”，新媒体则是“受众主导型”。新媒体时代，人人都可以很便捷地接收海量的信息，人人也都可以充当信息的发布者（微博、微信、公众号等），用户可以一边看微信、微博、短视频和直播，一边参与投票和购物，完全打破了此前只有新闻机构才能发布新闻的局限，也打破了报纸、杂志、广播、电视等传统媒体无法实现的交互性和即时性，既满足了消费者的信息需求，又拓宽了企业的销售渠道。

传统媒体即时性和交互性都较弱，新媒体则不受时间的限制，可以24小时在线。消费者可以与农产品生产经营者进行互动，从而购买自己真正需要的产品。以近两年在我国非常火爆的直播带货为例。直播带货指通过互联网平台，使用直播软件和技术在线上进行商品展示、咨询答复和导购，主要方式包括由店铺自己开设直播间，或由职业主播进行推介，等等。

为了传播农产品品牌、推动农产品销售，地方领导直播带货、“网红”直播带货、企业总裁直播带货等各种形式纷纷出现，很多特色农产品（尤其是偏远山区的特色农产品）借助网络直播这种新型的传播方式快速走进大都市的千家万户。

直播带货为什么会成为新媒体传播的一支奇兵？一方面，直播带货比传统媒体广告互动性、亲和力和体验感更强，消费者只需一部智能手机或电脑就可以足不出户地跟卖家交流，甚至可以讨价还价；另一方面，直播带货绕过了传统中间商渠道，直接实现了农产品和终端消费者的对接，优惠力度很大。可以说，农产品直播带货在传统媒体时代是不可想象的，也是无法实现的。借助网络直播这种新媒体方式，既使广大农户受益，又让消费者购买到满意的农产品，电商平台也实现了发展，可谓一举多得。

商务部大数据监测显示，仅 2020 年第一季度，电商直播就超过 400 万场。

2020 年 2 月，山东省临沭县、商河县、单县、沂源县和曹县等近 10 个县的干部先后试水直播带货，为当地的紫薯、扒鸡、鸡蛋等产品代言。地方干部的助力参与，为新冠肺炎疫情期间农产品滞销、企业复工复产难等问题提供了全新的解决方式，并收到了很好的效果。沂源县政府领导在多家电商平台为沂源红苹果代言，还带来了“豪华”助威团——6 名网络“大 V”、1 名明星和 1 名市派“第一书记”。单县政府领导与知名短视频博主一起来到直播间，为单县的无抗鸡蛋代言卖货，一个晚上卖出 34.4 万余枚鸡蛋，同时还带动了其他农特产品的热销。临沭县政府领导通过直播带货和全国各地网友互动，活动上线后两小时，8 万斤紫薯全部售罄。2020 年 3 月，陕西周至县、宁夏同心县、吉林靖宇县、陕西宜川县、黑龙江虎林市和重庆石柱县的 6 位书记、县长，走进“战疫助农”抖音直播间，向网友们推荐当地特色农产品。2020 年 4 月，新华社民族品牌工程办公室与抖音联合举办“市长带你看湖北”直播，与湖北黄冈、荆州、荆门、十堰、恩施 5 个市州，共同推荐优质特色农副产品。新华社“快看”和 5 位市州长直播间累计观看人数达 1118 万，累计带货 58 万件，销货金额达 2426 万元。

（3）表现形式多样。

传统媒体的表现形式比较单一，文字、图片、音频、视频很难整体呈现，如报纸、杂志无法呈现音频和视频，广播无法呈现文字、图片和视频，而电视又很难呈现大量的文字和图片。新媒体形式多样，可将文字、图片、音频、视频融为一体，且内容丰富，信息量很大。不仅如此，新媒体还具有检索功能，消费者可以方便快捷地查找自己需要的产品。

3. 新媒体时代的农产品区域品牌传播

伴随着新媒体的出现，信息传播方式产生了根本性的改变。对于农产品生产经营者而言，农产品品牌宣传一方面要继续利用好传统媒体，另一方面还要学会科学运用新媒体，使农产品品牌推广成效更加突出。

（1）微信传播农产品品牌。

微信是腾讯公司于 2011 年推出的一个为智能终端提供即时通信服务的免费应用程序。微信支持跨通信运营商、跨操作系统平台通过网络快速发送免费（消耗少量网络流量）语音短信、视频、图片和文字。微信营销是伴随微信的普及而兴起的一种网络营销方式。用户注册后订阅自己所需的信息，商家或个人通过提供用户需要的信息推广自己的产品，从而实现点对点的营销。

相对于传统的互联网，微信营销的优势主要体现在以下四个方面：一是腾讯用户基数庞大。数据显示，截至 2020 年第一季度，微信及 WeChat 的合并月活跃账户数达 12.025 亿。二是智能手机越来越普及。预计 2022 年中国智能手机用户数量将达到 8.4 亿人，2023 年将达到 8.7 亿人。三是信息交流的互动性更加突出，无论何时何地，都能够轻松地与客户进行很好的互动。四是点对点精准营销。微信拥有庞大的用户群，借助移动终端、天然的社交和位置定位等优势，可以帮助商家实现点对点精准化营销。

农产品具有区域独特性，口碑宣传的影响力突出。通过微信营销，可以对农产品品牌进行宣传。此外，地方政府和企业可以申请官方公众号，将其作为推广农产品区域公用品牌的重要媒介。

（2）微电影与微视频传播农产品区域品牌。

微电影与微视频整合营销是把公司商品传播与微电影、微视频加以有效融合的全新方式。智能手机用户的大幅增加推动了微电影在我国电影行业的快速发展。农产品区域公用品牌带有突出的自然属性和文化特性，因此，农产品区域公用品牌传播人员可基于本地农业特点制作微电影与微视频作品，把农产品质量、区域文化等内容渗透到相关的微电影作品中加以传播。

下面介绍青岛农业大学艺术与传媒学院大学生团队发起的“一田二农”推广项目。

【案例 4-1】

为优质农产品讲故事，让农民搭上“互联网 +”的快车。由青岛农业大学艺术与传媒学院大学生团队发起的“一田二农”农产品品牌推广服务平台项目，摘得第二届中国“互联网 +”大学生创新创业大赛全国总决赛银奖，本次大赛由教育部、中央网信办、国家发展改革委等共同主办，是一项推动高校双创教育改革的重要赛事。

“一田二农”，就是一块良田，两种“农民”耕作，一种是田地里的农民，另一种就是青岛农业大学艺术与传媒学院大学生团队。“一田二农”是一个专注农产品品牌化推广的平台，只做有故事的优质农产品。通过新媒体对涉农题材进行网络宣传与推广，挖掘优质农产品背后的故事，增加农产品的附加值。这一项目运营中，团队不赚取农户的一分钱，而是通过农产品品牌化后农户手中的农产品获得的差价来盈利。

“一田二农”的运营方式是，选出适合做品牌推广的农产品和农副产品，将农民自身的故事进行改编，制作一个 5 分钟左右的视频短片，让产品具有人文色彩，并设计产品外包装，使其品牌化，最后通过互联网进行销售。

除了微电影之外，还可采用动漫、微视频等形式来改善农产品区域品牌的传播效果。例如台湾“梅之乡”信义乡把产品宣传的触角拓展到虚拟空间，基于产品特点制作了动漫作品《酸甜姐妹花》《山猪迷路》《飞鼠请假》等，把农业产业和动漫产业有效融合，让美好的物质体验和无以言说的精神体验相融合，顾客在实体空间与虚拟空间中不断转换，既增加了对农产品区域公用品牌的好感，又提高了对农产品区域公用品牌的忠诚度。

文化和故事提高品牌知名度——以茶叶为例

文化是农产品品牌的灵魂和金字招牌，是提升农产品品牌影响力、号召力、公信力的重要保证。一个有文化的品牌故事，能够更加丰满地体现品牌的地域特色、文化内涵和历史传承，是提高农产品品牌知名度、美誉度、忠诚度的重要抓手，是提升农产品价格的重要驱动力。

我国茶叶具有深厚的品牌文化底蕴，茶叶消费既是一种产品消费，又是一种文化消费。饮茶既可解渴和保健，又可陶冶情操、结交好友。千百年来，我国积淀了深厚的茶文化，成为中国传统文化的一个重要组成部分。直到现在，我国还保留了以茶代礼的风俗。作为“开门七件事”（柴米油盐酱醋茶）之一，饮茶在中国是非常普遍的。

茶叶在我国具有悠久的种植历史，早在公元前 59 年，王褒写的《僮约》中就有这样的记载：“脍鱼炰鳖，烹茶尽具”；“牵犬贩鹅，武阳买茶”。这份极其珍贵的历史资料，是我国乃至全世界最早的关于饮茶、买茶和种茶的记载。

唐代茶圣陆羽的《茶经》吹响了中华茶文化的号角，从此茶文化渗透到了宫廷和社会，并深入宗教、医学等领域，通过诗词、绘画、书法等形式表现出来。几千年来，我国不但积累了大量关于茶叶种植、生产的物质文化，更积累了丰富的茶叶精神文化，并最终形成了中国特有的茶文化。

1. 提高茶叶消费者的品牌忠诚度

茶叶是我国主要的经济作物之一。中国被称为茶的故乡，世界上所有茶叶生产国和出口国的茶叶种植都直接或间接起源于中国。中国茶叶种植地域辽阔，年产销量在全球市场高居榜首。中国茶叶种植面积占世界茶叶种植总面积的一半以上，种植产量占世界茶叶总产量的40%。

市场上茶叶品牌众多，作为茶叶企业，重点要做的是提高品牌的知名度和消费者美誉度，让消费者在茶叶体验过程中产生正向联想，加强品牌记忆，与区域和企业建立起情感联系，提高品牌忠诚度，进而通过重复购买、口碑宣传提升茶叶的品牌资产价值。

进一步而言，深入了解消费者品牌心理活动对茶叶生产经营企业来说十分关键。消费者的品牌心理活动往往源于不断积累的认知态度和行为。通常情况下，茶叶消费者的需求分为三个层次：第一个层次为生理需求，饮茶具有提神益思、生津利尿、杀菌消炎、消食去腻、防暑解热以及抗衰老、降血脂等保健功能，这是多数茶叶消费者的需求；第二个层次为精神需求，我国茶叶产业历史悠久，茶文化源远流长，流传着许许多多与茶叶有关的历史典故、诗词歌赋，茶叶消费者在品茶的过程中领悟到深厚的茶文化，既能够在精神上获得愉悦感，又能够提高自身素质和修养；第三个层次为发展需求，这个层次的消费者主要是企业高管和商务人士，通过品茶聊天增进友谊和洽谈商业合作。与其他农产品功能不一样，茶叶自身的产品属性与商务交流本质十分吻合，这为提高茶叶消费者的品牌忠诚度和茶叶的品牌营销提供了最佳路径。

2. 一个好的品牌一定有一个好的故事

好的故事、好的文化对于茶产业的发展有着重要和深远的影响。因此，用茶文化创建茶品牌，将无形的茶文化价值转化为有形的茶品牌价值，将文化资本转化为企业的核心竞争力，使产品具有更强的生命力。下面介绍杭州西湖龙井茶的品牌故事。

【案例 4-2】

传说在宋代，杭州有一个叫“龙井”的小村，村里住着一个靠卖茶叶为生的老太太。有一年，茶叶质量欠佳卖不出去，老太太眼看就要断粮了。有一天，一个老叟走进老太太的宅院，他在宅院里转了转，提出要用五两银子买下墙角落的破石臼。老太太正愁没钱呢，便爽快地答应了。老叟十分高兴，告诉老太太别让其他人动石臼，自己马上派人来抬。

老叟离开后，老太太心想，这样轻易地得到五两银子，总得让人家抬走一个干干净净的石臼吧？于是她便把石臼上的尘土、腐叶等一一扫掉，叶子埋在茶树下边。过了一会儿，老叟带着几个牛高马大的小伙子来了，一看干干净净的石臼，老头忙问：“石臼上的杂物哪去了？”老太太如实相告，哪知老叟听后沮丧地一跺脚：“我花了五两银子，买的就是那些废物呀！”说完带着人拂袖而去。老太太眼看着到手的银子又溜走了，着实郁闷。

可没过几天，奇迹发生了：十八棵茶树新枝嫩芽一起涌出，茶叶又细又润，沏出的茶幽香怡人。这个消息传遍了西子湖畔，许多同乡都来此购买茶籽。渐渐地，龙井茶树的栽培便在西子湖畔普及起来，“西湖龙井”也因此而得名。

现在，开茶节于每年 3 月底 4 月初在西湖龙井茶乡举行。“西湖龙井开茶节”已成功入选“浙江省最具影响力十大农事节庆”。

3. 茶文化旅游是打造茶叶品牌的重要途径

茶文化旅游指的是基于茶叶生产、茶园环境、茶文化内涵、自然风光等内容进行旅游综合开发。具体来说，指以茶产区的自然景观和茶文化历史遗存为依托，以民风民俗的茶叶生产为载体，使其兼具观光、娱乐、学习、度假等内容，让消费者在旅游体验中增进对茶叶生产制作过程、茶文化、茶风光等各方面的认知，从而提高茶叶品牌的知名度，例如福建安溪依托茶文化开展旅游产业。

【案例 4-3】

安溪地处福建省闽南金三角，是“中国乌龙茶（名茶）之乡”，名茶铁观音的发源地，全县茶园总面积 60 万亩，茶叶总产量 6.8 万吨，涉茶总产值 115 亿元。多年来，安溪茶产业取得了长足的发展，创下了县级茶园总面积、年茶叶总产量、涉茶总产值、茶叶从业人员、受益人口、农民从茶叶中获得的收入比例等多项全国第一，从过去的国家级贫困县发展成为全国经济百强县、福建经济十强县。经中国茶叶流通协会组织行业评定，安溪县连续六年居全国产茶县第一位。

安溪县举办的茶文化旅游节，包含茶叶公园、茶叶大观园、茶园生态探幽的铁观音探源等内容，通过安溪铁观音缘起传说、从宋代流传下来的“斗茶”习俗、现代的安溪茶艺等茶旅游资源，用采茶歌、茶艺表演、茶宴品尝、茶区住宿等为游人提供多方位的体验，让安溪铁观音的知名度日益提高。

2017 年 4 月，安溪县人民政府印发《安溪县扶持国家现代茶业产业园建设的优惠措施》（安政综〔2017〕74 号），建设 10 ～ 15 个具有良好展示生态、旅游茶业之路的茶庄园，示范带动县内其他企业开展茶庄园建设。茶庄园突出生态观光、标准化生产、茶文化旅游等主题特色，发挥品牌优势，建立茶叶质量可追溯体系，构建以庄园建设带动产业发展的新模式。

2017 年 9 月，安溪县现代农业产业园被批准创建国家现代农业产业园，产业园支持企业开展产品质量认证和品牌创建。对新获得中国驰名商标（国家工商总局认定）的企业，给予一次性奖励 100 万元；对新获得福建省著名商标，福建省名牌产品，或福建省名牌农产品的企业，给予一次性奖励 5 万元；对新获得福建省质量奖、泉州市质量奖的企业，分别给予一次性奖励 10 万元、5 万元；对新获得泉州市知名商标或良好农业规范（GAP）认证的企业，给予一次性奖励 2 万元。

提高品牌忠诚度

品牌忠诚度是指消费者偏爱某个品牌的心理反应，反映了消费者对该品牌的信任和依赖程度。如果消费者在购买商品的决策过程中，多次表现出对某个品牌有偏向性的（而非随意的）行为反应，就说明消费者对某个品牌的忠诚度高。进一步而言，品牌忠诚度是一种消费行为过程，也是一种消费心理（决策和评估）过程。

对消费者而言，最重要的是产品品质、知名度和美誉度。但实践中，品牌忠诚度的形成并不完全依赖于产品品质、知名度、品牌联想及传播，它与消费者本身的消费特性、消费理念和消费诉求等密切相关，更大程度上依靠的是消费者的产品使用经历和体验。所以说，企业要想提高品牌的忠诚度，在做好产品品质的同时，一定要从多个角度研究消费者的诉求和体验。

研究发现，消费者忠诚度、企业价值和企业利润之间存在直接对应的因果关系。营销学中有著名的“二八原则”，即企业 80% 的业绩来自 20% 的忠诚顾客。对企业来说，寻找新客户的重要性不言而喻，但维持一个老客户的成本仅为开发一个新客户的 1/7。然而我国很多企业将大部分的精力和成本放在寻找新客户上，往往忽视了如何更好地提高已有客户的满意度与忠诚度。

1. 品牌忠诚是品牌发展的成熟阶段

品牌忠诚是品牌发展的成熟阶段，是消费者经历了品牌认知、体验、熟知、喜欢、信任等环节，最后发展为品牌忠诚的过程。

具体来说，品牌忠诚度来自消费者对某产品消费体验之后的满意程度。品牌忠诚度最终反映在消费者的购买行为当中，即是否重复购买，并且推荐或传播。如果消费者对某产品非常满意，就会持续地购买并主动推介、宣传和传播该产品品牌，用当下流行语讲就是成为该品牌的“铁杆粉丝”。而当消费者成为某产品品牌的忠实用户之后，将是该品牌最可信赖的支持者、拥护者、传播者，不会轻易受其他因素诱导而转换选择其他品牌。

2. 品牌忠诚度的价值

根据口碑营销效应，一个满意的顾客会引发 8 笔潜在的生意；一个不满意的顾客会影响 25 个人的购买意愿。一个满意的、愿意与企业建立长期稳定关系的顾客会给企业带来相当可观的利润。

品牌忠诚度高代表着每一个消费者都可以成为一个活的广告，会达到一传十、十传百的效果，自然能够吸引广大新客户。消费者购买商品之后，在和家人、朋友及商业伙伴交流时，满意的购物经历常常是聊天的话题，这也让消费者无形中为这个商品或者企业打了广告，让不知道这个产品或这家企业的消费者产生好感。反过来，不满意的消费经历也是人们交流的重点内容。中国有一句古话，“好事不出门，坏事传千里”，说的就是这个道理。

此外，品牌忠诚度高的产品还能够让企业提高销售渠道拓展力。目前，我国很多产品采取的是经销商或代理商制度。经销商或代理商在选择商品时，肯定会选择畅销产品来实现盈利，相比较而言，品牌忠诚度高的产品更有优势。当然，拥有高忠诚度品牌的企业在与经销商或代理商谈判时地位更主动，合作条件更优越。

3. 评估农产品品牌忠诚度的方法

专家指出，评估农产品品牌忠诚度，可以采取以下几种行之有效的方法：

（1）购买行为调查法。

要测定某一农产品品牌的忠诚度，最直接的方法就是对消费者的实际购买行为进行调查统计，在取得足够样本数据的基础上再进行综合分析：一是重复购买次数。在一定时期内，同一个消费者对某一品牌农产品重复购买的次数越多，表明对这一品牌的忠诚度越高，反之则越低。二是同类产品购买次数和比例，指同一个消费者在最近购买某类农产品（如西红柿）过程中某品牌的次数和所占的比例，购买次数多少和比例大小表明了消费者对某一农产品品牌的忠诚度。

从理论上讲，购买行为调查法比较科学，但存在的问题是数据获取困难，而且难以预测未来趋向。因此，需要长期跟踪调查同一个消费者，购买行为调查法的作用才更加明显。

（2）购买时间观察法。

购买时间观察法就是通过观察消费者在货架挑选品牌农产品的时间长短来推测品牌忠诚度。

实践中，由于信赖程度和消费习惯不同，对不同品牌的农产品，消费者在购买挑选时间长短上存在明显的差异。通常情况下，消费者需要购买农产品时，甚至可能还没有走出家门，内心就想好了要购买的农产品是什么品牌、什么价位、什么包装等。在这种心理因素作用下，消费者到商场、超市找到农产品货架后，基本不会再做比较，也不会再犹豫，而是按照之前想好的品牌、价格、包装现场购买，决策时间非常短。

消费者挑选某一农产品品牌的时间越短，说明对某一农产品品牌的认知度和信任度越高，当然忠诚度也越高。反过来说，如果消费者购买同一类农产品时在两个或两个以上品牌之间来回比较、选择，拿不定主意甚至犹豫不决，说明还没有建立品牌忠诚；挑选时间越长，说明消费者对某一农产品品牌的忠诚度越低。

实践中，购买时间观察法简便易行，只需派调查人员在摆放品牌农产品的货架前观察一定时间，就能够对消费者品牌忠诚度有个基本判断。需要说明的是，如果同一类农产品在产品结构、功能、用途等方面差异较大，那么不同需求的消费者会做出不同的选择，此时购买时间观察法的作用就没有那么明显了。

（3）购买压力测试法。

购买压力测试法可以测试消费者对品牌农产品价格的敏感程度：对于喜爱和信赖程度高的品牌农产品，消费者对其价格变动的承受能力较强，即价格敏感程度低；而对于不喜爱或信赖程度低的农产品，消费者对其价格变动的承受能力较弱，即价格敏感程度高。进一步而言，经过购买压力测试后，消费者对品牌农产品价格敏感程度越低，则说明品牌忠诚度越高；反之亦然。

现代农业产业园品牌建设

作为农业现代化的重要标志之一，农业品牌化是我国农业产业转型升级的必然选择。品牌农业就是要彻底改变传统农业生产、加工和经营的思路，以工业化的思维，采取先进的管理思想、技术、品牌营销模式，以全新的方式发展现代农业。

我国正在大力发展现代农业，现代科学技术日新月异，互联网、物联网、大数据、区块链、云计算、人工智能等信息技术与农业生产、加工、经营结合得越来越紧密。

2017 年 3 月，农业部和财政部发布《关于开展国家现代农业产业园创建工作的通知》（农计发〔2017〕40 号），指出国家现代农业产业园是在规模化种养基础上，通过“生产 + 加工 + 科技”，聚集现代生产要素，创新体制机制，形成明确的地理界限和一定的区域范围，建设水平比较领先的现代农业发展平台，是新时期中央推进农业供给侧结构性改革、加快农业现代化的重大举措。

国家有针对性地提出建设现代农业产业园这一先进的农业发展观念，并在一定的区域内实施规划、建设、生产、经营，从而真正把农业生产、加工和科技发展联系在一起，促进农业产业化、科技化和品牌化。

1. 品牌建设是国家现代农业产业园的要求

传统农业经济效益较差的原因之一，就是没有品牌，产生不了品牌价值。因此，国家现代农业产业园创建要求突出品牌建设：第一，产业园建设思路清晰，发展方向明确，突出规模种养、加工转化、品牌营销和技术创新的发展内涵；第二，产业园生产标准化、经营品牌化、质量可追溯，产品优质安全，无公害农产品生产全覆盖，绿色食品认证比重较高；第三，产业园绿色、低碳、循环发展长效机制基本建立。

此外，国家现代农业产业园创建还要依托优势特色主导产业，建成一批规模化原料生产大基地，培育一批农产品加工大集群和大品牌，将产业园打造成品牌突出、业态合理、效益显著、生态良好的优势特色产业发展先行区。

调研发现，目前国内诸多批准创建和认定的国家现代农业产业园将品牌建设作为园区建设的重中之重。下面以 2017 年 9 月农业部、财政部批准创建的 30 个现代农业产业园之一——宁夏回族自治区贺兰县国家现代农业产业园为例做进一步说明。

【案例 4-4】

为搞好国家现代农业产业园品牌建设，2019 年 5 月，贺兰县国家现代农业产业园管委会办公室发布《关于做好贺兰县国家现代农业产业园农产品品牌建设项目申报工作的通知》（贺园办函〔2019〕10 号）。该文件指出，贺兰县国家现代农业产业园农产品品牌建设总体目标为按照特色产业、高品质、高端市场、高效益的“一特三高”现代农业发展思路，产业园主攻优质粮（水稻）、蔬菜、草畜三大主导产业，打造享有较高知名度和影响力的贺兰农产品整体品牌形象，培育一批特色鲜明、知名度较高、发展潜力大、带动能力强的贺兰农产品区域公用品牌、企业品牌和产品品牌等，用品牌引导消费、带动市场，全面提升农产品品牌效应，加快农业提质转型升级步伐，努力实现贺兰县从农产品生产大县到品牌农业强县的转变。在农产品品牌建设支持方面，一是对产业园内经营主体或产业联合体创建的蔬菜、奶制品、优质粮（大米）中国名牌产品、地方著名商标和县域公用品牌等名牌产品，分别给予以奖代补等支持；二是对经营主体参加自治区级及以上蔬菜、奶制品、优质粮（大米）优质农产品展示、展销和宣传推介活动，按区内、区外分别予以以奖代补等支持。

2. 通过品牌建设增强现代农业产业园竞争力

通过品牌建设，既可提高现代农业产业园的知名度、影响力和竞争力，又能拉动地方经济增长。

2018 年是广东省级现代农业产业园建设启动年，全省发布了 50 个省级现代农业产业园建设名单，每个产业园 5000 万元的省级财政补助资金同步下拨，25 亿元资金直接拨付至产业园建设牵头实施企业账户。省级现代农业产业园建设将责任主体和实施主体分开，政府是责任主体，企业是实施主体。这一建设模式创新性强，极大地激发了共建企业的积极性，可提高资金使用效率，加快产业园建设进度。实施企业将部分资金用于品牌建设，对现代农业产业园的建设起到了重要的作用，为现代农业产业园未来持续健康发展提供了强大动力。

下面介绍广东新会国家现代农业产业园相关情况。

【案例 4-5】

广东新会国家现代农业产业园创建于 2017 年 9 月，以会城、双水、三江 3 个镇（街）为主创建国家现代农业产业园，打造引领该区陈皮产业样板区、产业发展先导区。自创建以来，该产业园按照“一年有起色、两年见成效、四年成体系”的总体安排，以新会陈皮产业为主导产业，科学规划布局“一轴、两带、三基地、四中心、五园区”，深挖新会陈皮文化、健康价值，加快新会陈皮三次产业融合发展，推动全产业链做大做强，创建新时代“大基地 + 大加工 + 大科技 + 大融合 + 大服务”“五位一体”发展的特色农业产业园。新会陈皮全产业年产值近 70 亿元，已形成药、食、茶、健、文创、金融产品等 6 大类 35 细类 100 余品种的加工产品规模。

近年来，广东“新会陈皮”品牌在全国打响。地理标志商标“新会陈皮”注册后，新会陈皮产业产值从注册前的 3 亿元暴增至 9 亿元，产业从业人数从注册前的 4000 人增长到 12000 人，注册后新会地区年度经济规模扩大 20%，新会陈皮及其衍生产品远销东南亚、南美等地，年出口产量达 400 吨。

3. 加强宣传营销，搭建信息桥梁

现代农业产业园品牌建设，需要借助互联网、App、微信等现代新媒介，传播乡村生产、生活和生态理念，传播乡村文化和现代农业产业园的特色农产品，重点通过电商平台、体验店、社区直营店等线上线下相结合的方式，创新营销模式，畅通产品渠道，推广农业品牌。

品牌赋能农业案例

有学者在分析品牌策略时指导，对于像大米、面粉、食盐这类日常生活的大量必需品，以及煤炭、钢材等大宗生产资料，在市场开发时不一定要建立品牌，或者以因为建立品牌会增加成本而舍弃。美国知名学者菲力普·特勒在其著作《营销管理》中就产品差别化进行分析并承认：“在一个端点上，我们发现一些产品很难差别化，如鸡、钢材、阿司匹林。”

在同类商品没有高度差异化的背景下，一般公众会认为大米和面粉、食盐等的商品品牌差异不是很大。目前，我国很多大米的营销仍然只注重产地宣传，以区域公用品牌代替企业品牌，对企业品牌和产品品牌的树立不够重视，因此产品差异不明显，很难提高产品的知名度、美誉度和知名度。

与我国很多大米生产经营企业不同，日本的米商在依靠农业科技进步提高大米质量和产量的同时，非常重视大米产品的特性宣传，并树立了许多知名品牌，如北方的“樱花”、中部的“春阳”“幻之米”，南部的“佐贺的梦”，还有向我国出口的“越光”和“一见钟情”。

需要指出的是，近年来，我国大米生产经营企业不断推进品牌建设。下面以吉林大米品牌赋能农业为例[1]做进一步说明。

---

[1] 案例来源：赵赫男．稻米香飘品牌路：聚焦吉林大米品牌建设六年历［N］．吉林日报，2020-05-26.

【案例 4-6】

吉林省是我国优质的粳稻生产核心区，优越的自然环境、适宜的气候条件，造就了吉林大米超群的品质。目前全省粳稻种植面积 1300 万亩，稻谷总产量 125 亿斤，折合大米 80 亿斤左右，其中 40 亿斤销往省外。

曾经的吉林大米产业，由于长期缺乏品牌意识和龙头企业的引领，产业大而不强，企业小而不精，品牌杂而不响，生产优势没有转化为产业优势，品质优势没有转化为效益优势。

为了使吉林大米“好米”变“名米”，“名米”卖“优价”，2013 年 4 月，吉林省人民政府办公厅印发了《关于推进吉林省大米品牌建设的指导意见》，明确了“农民增收、农业增效、产业做大、品牌做响”的工作思路。2014 年，吉林省从培育大米地理标志品牌入手，用区域品牌整合企业品牌，进而形成了具有吉林特色的大米标志品牌。2015 年 12 月，吉林省出台了《吉林大米品牌建设发展规划（2016—2020）》，以“五个一”工程为统领，整合资源要素，实施公共品牌引领战略；整合生产要素，实施产业融合发展战略；整合渠道要素，实施营销模式创新战略。

一系列政策的出台，有效推进了吉林大米产业的发展。截至 2018 年底，与品牌建设之初相比，全省水稻播种面积增加了近 100 万亩；企业自有基地面积从 130 万亩增加到 280 万亩；优良品种覆盖率超过 80%，其中特优品种占 20% 以上；中高端大米产量翻了一番多；全省水稻加工业产值增长了 25%。

分析吉林大米品牌建设经验，可总结为“五化”：一是工程化统领，构建核心体系；二是立体化推介，扩大品牌影响；三是多元化传播，讲好品牌故事；四是标准化管控，夯实产业基础；五是创意化营销，促进提质增效。

营销渠道是吉林大米终端产品的出口，也是吉林大米品牌腾飞的“跑道”。自2016年开始，吉林省先后开启了吉林大米网、阿里巴巴淘乡甜吉林大米天猫旗舰店，构建了包括企业自有电商平台在内的网络销售体系。线下渠道方面，在国内建成了吉林大米直营店（商超专柜）和商超专区、专柜；依托主销区城市商超渠道，成功打通北京、上海、浙江等地终端销售市场，实现了吉林大米在主销区从田间到餐桌一站式到达。

针对吉林大米中高端市场定位的特点，吉林省对品牌宣传方式、载体、内容进行了细致筹划，通过精准分析目标人群、控制不同阶段宣传推广重点，出版了《贡米》《解码吉林大米》等系列图书，拍摄了《稻米的故事》《吉林大米宣传片》等纪录片和专题片。同时，在央视、央广等高端媒体和东方网、新华网等融媒体平台，多元化、全方位地讲好吉林大米的品牌故事，吉林的稻作文化不断得到关注和深入挖掘，实现了品牌认知度、美誉度、忠诚度持续提升。

2016年，吉林大米地方标准及吉林稻花香、吉林长粒香、吉林圆粒香、吉林小町四大品类产品的团体标准相继出台。这套标准为区域品牌的打造提供了规范，为打造吉林大米中高端品牌标准化生产设定了标杆。

吉林大米已经形成东部火山岩大米、中部黑土有机大米、西部弱碱大米三大系列，吉林稻花香、吉林长粒香、吉林圆粒香、吉林小町四大品类产品体系，在彰显区域特色、突出产品特征、挖掘品牌卖点等方面做足了功课。通过吉林大米产业联盟核心企业的带动力量和溢价能力，搭建了平台经济载体，共同走上产前、产中、产后全产业链相互依托、协调发展的“传统农区的突围之路”。

国外品牌农产品与我国品牌农产品差异化战略比较

国外优秀的农产品公司，通过实施差异化发展战略，面对不同层级和不同类型消费者时采取精准区分的产品标准，并开发迎合不同档次消费市场的产品，由此获得了巨大成功。

以日本为例。日本农产品公司特别注重消费者的潜在需求，并非常善于挖掘新顾客，根据全世界不同地区消费者的不同需求，打造特色农产品品牌。

日本青森县出产的“陆奥”苹果品质好、个头大，但在国内反响一般，原因是日本人更偏爱中等大小的苹果。不过，中国消费者特别中意大苹果，因此日本没有放弃陆奥苹果，而是将其大量出口到中国，并获得了中国消费者的青睐。日本水果十分昂贵，早在 2005 年，一些出口到中国的最上乘的日本苹果表面带有龙和汉字图案，单个零售价最高达 100 多美元，被称为“苹果中的劳斯莱斯”。实际上，“天价”苹果在品质和味道上与普通苹果并没有什么差别，在种植过程中也没有采用特殊技术。

在大米营销方面日本也采取差异化策略。消费者由于年龄、生活习惯、健康状况以及收入情况不同而对大米有不同的需求，因此需要明确产品定位，针对不同的消费者进行差异化设计。

日本的大米商品差异化主要从以下三个方面着手进行：

首先是性能质量，即产品的主要特点。日本大米营销往往以其单位重量中所含有的高营养成分来表现其与众不同的特点。2006 年，日本的花样滑冰选手荒川静香在冬季奥运会上获得女子花样滑冰金牌之后，她所在的县立即以“金”为主题推出“金芽米”并进行宣传，并发布由荒川静香代言的“金芽米”广告，在日本国内引起了轰动。宣传的焦点主要集中于该米富有多种营养成分。该县在获得市场认可后随即研发了“特撰金芽米”，专供日本奥运代表团运动员食用。

其次是特色。不同区域、品种、生产加工技术的农产品具有不同的特色，存在明显的差异化，率先推出某些有价值的特色成为企业有效的竞争手段。日本大米营销往往就水稻生长的土壤、日照、气候等因素所形成的差异进行宣传。例如佐贺县梦的水滴牌大米营销侧重于宣传该米是在海拔 200 米以上的平坦地势到山腰为中心的区域种植的，所以它的外观圆润、富有光泽，味道也非常好。北海道的樱花牌大米就强调北海道春季时，冰雪大量融化滋润土地，雪水中富含各种元素，有利于大米中多种元素的生成。北海道的另一品牌“星星的米”以北海道寒冷与干爽的气候为背景，说明稻米的病虫害少，农药使用少。

最后是形式差别。日本大米注重形式差别，产品在外观设计、尺寸、形状等方面都有新意，像 5 千克袋装、400 克礼品纸盒装和 2 千克木盒装等多规格、多形式的包装，满足了消费者对大米包装的不同需求。日本大米经过长期改良、培育，通过准确的市场定位、精美的包装、绚烂多彩的广告塑造产品形象和企业形象，使消费者了解和认同品牌，加深消费者对该品牌产品忠诚感。

与日本品牌大米开展的差异市场营销策略相比较，我国大米在品牌和市场营销方面还存在一些差距，主要表现在以下几个方面：

首先，国产大米的品质特点不突出。日本大米进入中国市场后，许多国产大米的生产者与经销商强调自己品牌的大米品质与日本大米的差异不大，有的甚至超过了日本大米。事实上，有的国产大米经过化验，无论是产量还是品质都超过目前进口的部分日本大米，但是市场价格却远低于日本大米。究其原因，主要是多数国产大米的营养成分没有标示于广告和商品包装物上，消费者无法了解相关信息。再加上营销措施不到位，导致市场开拓困难重重，品牌也就难以树立起来。

其次，品牌战略缺乏系统性和持续性。我国除了国家级的大型农业博览会之外，还有许多省份举行地方性的农业博览会，通过这种积极有效的方式评选出一些优质大米，在会议期间通过报纸、杂志、网络、电视等大力宣传，确实收到了非常好的品牌宣传效果。但往往会议结束后品牌宣传工作就结束了，政府和企业对品牌的宣传都缺乏系统性和持续性。

最后，侧重强调产品的荣耀历史和“官位”，如“贡米”“宫廷用米”“国宴用米”等。从品牌建设角度来讲，强调产品的荣耀历史和“官位”是很重要的方式，既彰显了产品与众不同的“出身”和优良的品种，也与其他同类产品产生了区隔。但由于近年来这种方式在食品领域常常被滥用，因此已不能持续占领消费者的心智，效果并不明显。

第五章

农产品区域公用品牌概述

区域品牌的概念与特征

区域品牌指的是什么？区域品牌具体包括哪些类型？许多学者、专家曾对区域品牌做过深入的研究，在1999—2018年间发表的有关管理学、营销学、经济学、传播学等学科的研究文献中都可以找到，这些研究角度有所不同，有的是从行政区划的角度，有的是从产业集聚的角度。

美国杜克大学富奎商学院 Kevin Lane Keller 教授的《战略品牌管理》一书认为，像产品一样，地理位置或某一空间区域也可以成为品牌，并称之为区域品牌。对于区域内的生产经营者而言，区域品牌一旦产生，区域内任何生产经营者都可以使用这一公共品牌标识，都能享受区域品牌带来的利益。

1. 区域品牌的概念

对于区域品牌的概念，不同的时代有不同的理解。在产品竞争时代，更多的是从地理范围的角度来理解，指的是“区域性品牌”，即产品只在某区域销售并形成区域市场的品牌，区域性品牌通常与全球品牌（国际品牌）、全国性品牌进行比较。而到了区域竞争时代，对区域品牌有了新的解读。详见表 5-1。

表 5-1　有关区域品牌的代表性概念

作者	核心定义
波特（1990）	区域品牌是区域经济发展的产物，其是一种“准公共产品”（quasi-public goods），对该区域内企业的竞争优势有着共同的促进作用。
科特勒等（1999）	区域品牌是根据某个特定的地理名称命名和塑造的，其功能就是让人们认识和了解这个地方，并对它产生积极、独特和正面的品牌联想。
孙宏杰（2002）	区域品牌是指在某个行政地理区域范围内形成的具有相当规模和较强生产能力、较高市场占有率和影响力的产业产品。
Rainisto（2002）	区域品牌是一个地区区别于其他地区的所特有的魅力和标志，培育区域品牌的核心是构建区域品牌识别系统。
Kavaratzis 等（2002）	区域品牌是产品或服务的品牌集体和功能、情感、关系和战略要素的多维组合，其作用于公众的大脑中，进而产生一种独特的联想。区域品牌成功的关键是在品牌和消费者之间建立一种联系。

续表

作者	核心定义
蒋廉雄、朱辉煌、卢泰宏（2002）	区域品牌是最复杂的品牌概念，区域品牌的对象几乎无所不包；区域产品只有复杂性和独特性；区域本身既是产品，又是品牌；文化作为区域产品，也可成为区域品牌的独特属性，以及区域发展的杠杆因素。
杨建梅、黄喜忠、张胜涛（2005）	区域品牌一般具有明显的地域属性，是浓郁的地方文化和地方特色产品相结合的产物，是随着消费者对这种产品的认可和喜欢，其知名度、美誉度、忠诚度逐渐提升而凝结为富于情感价值的特别区域产品指代。
张挺、苏勇等（2005）	区域品牌是受众对一个区域（地理区域/行政区域），包括城市、地区、国家等核心价值和特色的认知，是一个区域与受众关系的载体。
胡大立、谌龙飞、吴群（2006）	区域品牌是“集群区域品牌”的简称，指以某区域及其内部的优势产业而合作命名的特定地区名称，它是包括集体名称、集体商标、地理标志和原产地标记等多种形式在内的综合体系。
胡晓云（2007）	作为品牌的一种重要类型，区域公用品牌是指特定区域内相关组织和机构所共有的，在品牌建立的地域范围、品牌品质管理、品牌使用许可、品牌行销与传播等方面具有共同诉求与行动，以联合提高区域内外消费者的评价，使区域产品与区域形象共同发展的品牌。
Allen（2007）	区域品牌应该是公司品牌的扩大化，区域品牌是代表一个地区形象或特色的产品或服务品牌。
董雅丽、白会芳（2007）	区域品牌是地域内企业品牌集体行业的综合体现，也是该地区的标志和象征。

续表

作者	核心定义
徐鹏、赵军（2007）	区域品牌特指某个地区的特色“产业集群”，它象征着该产业集群的历史与现状，是区域产业集群的代表；其也是一个识别系统，这个识别系统是由区域（地名）和产业（产品）名称为核心构成。区域品牌在法律上表现为证明商标或集体商标。
孙丽辉等（2009）	区域品牌是以地理区域命名的公共品牌的统称，是涵盖了国家品牌、城市品牌、目的地品牌、地理品牌、集群品牌等多种类型的区域品牌。
石荣丽、刘迅（2011）	区域品牌是以产业集群为载体，大批聚集在同一区域长期进行生产经营而形成的带有区域特色的众多企业品牌的有效综合体，并为产业集群内所有企业共享的品牌。
牛永革（2014）	区域品牌主要指两个方面：相对于全球品牌、全国品牌而言，其品牌影响力波及的地理范围比较小，尤其是指产品销售的区域；区域品牌是指一个地区的整体特征和形象。
熊爱华、邢夏子（2017）	区域品牌是在一定的区域范围内，由具有较大规模、较大影响力、能够提供具有特色的产品或服务的产业集群及其所形成的具有标识作用的名称、符号、形象等。
区域品牌实验室（2018）	区域品牌不仅是传播本身，也不只是物理特征本身（风光、建筑等），区域品牌是在人们脑海中形成的认知，并且这种认知可以产生可测量的品牌效果。

品牌专家胡晓云还指出，区域品牌指人们对一个区域整体、区域产业、区域产品等的印象、认知及其评价，也即人们或消费者与一个区域整体、区域产业、区域产品等之间的相互关系。如果消费者没有产生印象、认知、评价，也没有建立关系，那么它们只是一个城市、一个产业、一个产品，既不是一个品牌，也不是一个区域品牌。区域品牌与普通的企业品牌、产品品牌之间最关键的差异，是区域品牌具有准公共品特征，对区域整体、区域产业、区域产品形成直接的品牌影响，能够使区域产

业、区域产品与区域整体达到共同发展。

2. 区域品牌的特征

研究发现，区域品牌具有以下特征。

（1）区域性。区域品牌源于特定地理区域，限于特定地理区域，同时也回馈于特定地理区域。区域品牌能提高区域经济竞争力，提升区域形象影响力，并对区域经济社会发展产生整合价值。

（2）公共性。一是资源公共性，区域品牌依赖特定区域内自然与社会文化环境、区域资源禀赋传承以及区域内组织与个人共同拥有的资源；二是权利公共性，区域内所有组织与个人对区域品牌共同拥有、共同使用、共同创建、共同分享。

（3）公用性。区域内的相关组织、企业、个人等，只要达到相关标准要求，即可被授权使用区域品牌。为了保证区域品牌的健康发展，区域品牌的使用权利等也会受到一定的约束。如果生产经营者的产品和服务不符合区域品牌的要求，将没有使用区域品牌的权利。

（4）共责性。无论是区域公共品牌还是区域公用品牌都有共责性，但共责的主体与协同者、程度与要求、责任轻重各有不同。区域公共品牌的品牌建设主体是政府，区域内组织和个人进行协同。比如国家品牌建设，公民人人有责，但主责者是政府。区域公用品牌建设主体是行业协会等组织。区域政府支持并推动协会的区域公用品牌建设工作，加入协会的成员单位与个人须严格遵守协会制定的品牌标准与品牌要求，只有共同维护品牌荣誉，才能共享品牌利益。

（5）共享性。区域公共品牌和区域公用品牌都具有区域内或协会内成员共享品牌利益的特征，但两者的共享程度有所不同。只要是区域内的组织与个人，都能够共同享受区域公共品牌带来的品牌效益。只有加入相关行业协会的组织与个人才可以在共同维护品牌荣誉的前提下获得区域公用品牌的使用权，并分享品牌带来的溢价空间。

区域公共品牌与区域公用品牌之比较

区域品牌越强大，越对区域经济发展、区域形象产生正向作用。根据是否具有公共性以及具有何种程度的公共性，区域品牌可以分为两大类：一是区域公共品牌，二是区域公用品牌，后者又可分为区域单一产品品牌、区域单一产业品牌及区域产业整合品牌。详见表 5–2。

表 5–2　区域品牌的主要类型

品牌类型	特点	核心要素
区域公共品牌	位于特定地理区域范畴之内，以行政区划为划分基准的区域品牌。	1. 品牌类型：包括国家品牌、城市品牌、县域品牌、乡镇品牌（特色小镇）、乡村品牌（新农村品牌）等。 2. 品牌注册：有的不进行商标注册；有的进行集体商标注册，成为区域性集体商标品牌。 3. 品牌识别：基本上以区域名称为品牌命名。 4. 品牌运营主体：品牌运营决策者及主体多为政府，以政府为核心及主导力量，协同各种社会力量（包括学者、媒体、机构等）进行品牌建设。 5. 品牌归属：区域内常驻机构与人口共有共用、共创共享的区域品牌。

续表

品牌类型		特点	核心要素
区域公共品牌	区域单一产品品牌	位于特定地理区域范畴之内，以特定区域内特定的自然资源（环境、物种等）与人文因素（文化或工艺特色等）为基础，以产品品类划分为基准，且多以证明商标注册的区域公用品牌。	1. 品牌类型：基本以地理标志产品（原产地产品）的特色物种、特色人文因素（工艺等）为基础，形成单一产品品类的区域单一产品品牌。如烟台苹果、西湖龙井等。 2. 品牌注册：一般由行业协会、事业单位等注册地理标志证明商标。 3. 品牌识别：以“产地名称 + 产品品类名称”作为品牌命名。 4. 品牌运营主体：经过行业协会组织授权，由特定地理区域内、基于特定区域文化或工艺特色、达到相关标准的生产经营者使用。 5. 品牌归属：行业协会组织拥有商标所有权与运营权，协同政府推动与引导，授权区域内符合产品标准的生产经营者共同使用商标，共担责任、共同分享品牌利益。 （注：区域公用品牌体现品牌范畴的区域性、品牌资源公共性、商标使用公用性（协会成员）、商标所有权与商标使用权分离性等特征。此类品牌不具有直接的区域公共性，特别是区域公共性政务服务性质，行业协会可以拒绝不符合标准的生产经营者使用品牌。）
	区域单一产业品牌	位于特定地理区域范畴之内，以特定区域内的产业集群为基准的区域公用品牌。	1. 品牌类型：多为区域产业品牌，品牌的形成大致分两种不同情况：一是基于特定地域原有的产业资源禀赋（特殊物种、特殊工艺、特殊自然条件等），进行发展与再造；二是属于后天创造的品牌，与特定区域的原有产业自然禀赋、人文因素并无天然关联。

续表

品牌类型		特点	核心要素
区域公共品牌	区域单一产业品牌	位于特定地理区域范畴之内，以特定区域内的产业集群为基准的区域公用品牌。	2. 品牌注册：有的品牌基于社会公众及消费者对产业印象、认知与评价，在法律上并没有相关的商标注册与保护；有的品牌由行业协会组织牵头注册并拥有相关集体商标或证明商标；有的品牌拥有特殊的地理产品保护标志、行业标志等，具有一定的法律保护与约束。 3. 品牌识别：基本以“区域名称 + 产业类别名称”作为品牌命名。 4. 品牌运营主体：行业协会组织等。由其进行品牌注册、品牌运营与授权管理、标准控制等。 5. 品牌归属：属于行业协会组织，由协会授权区域内符合相关标准的生产经营者共同使用商标、共担责任、共同分享品牌利益。
	区域产业整合品牌	位于特定地理区域范畴之内，以区域内的自然资源、人文因素、产业、产品、生产经营者综合划分为基准，并以集体商标注册的区域公用品牌。	1. 品牌类型：以全区域内涉农全产业、全品类、合格生产经营者划分为基准的、注册为集体商标的区域品牌。 2. 品牌注册：一般由行业协会注册为集体商标。例如，“丽水山耕”品牌是属于浙江省丽水市特定地域范畴内，基于丽水市特定区域文化或工艺特色，以丽水农业全产业、全品类、丽水市区域内相关生产经营者为生产主体的区域品牌。 3. 品牌识别：以能够表现其品牌特征的品牌命名，也可以采用“产地名称+品类名称”的命名办法。 4. 品牌运营主体：以行业协会为主，协同政府、企业、合作社、农户等合格的生产经营者共同运营。 5. 品牌归属：协会拥有商标所有权与经营权，协同政府推动与引导，授权合格的生产经营者共同使用商标、共担责任、共同分享品牌利益。

分析指出，区域公共品牌的“公共”强调了其公共属性。一方面，

区域公共品牌是以区域的整体资源为背书的综合性产业集合体，包括了自然地理、社会环境、政策制度、基础设施、人文风貌等诸多要素，它是由地方政府、行业组织、企业、农户等诸多利益相关者共同提供的；另一方面，区域公共品牌的声誉形象、资源统筹、文化内涵等由区域内主体公用共享。区域公共品牌是一种品牌类型，具有和企业品牌一样的功能属性。

区域公共品牌的权益不属于某个组织、企业或个人拥有，而为区域内相关机构、企业、个人等主体共同所有。相比之下，企业品牌具有“专属性”，其他企业不能够分享企业品牌所带来的利益。

2. 区域公共品牌与区域公用品牌比较

研究发现，以往有关区域品牌的概念比较模糊，基本没有清晰区分区域公共品牌与区域公用品牌。因此，我们经常会在一个文本中见到“公共”与“公用”两个词汇混用的情况。应当区分“公共”与“公用”不同的品牌性质和不同的公共程度（表 5-3）。“区域公用品牌”并不一定具有“公共性及其公共性政务服务”特征，它更多体现的是产业特征和市场特征。

表 5-3 区域公共品牌与区域公用品牌比较

品牌名称	品牌特征	相同点	不同点
区域公共品牌	强调“public”，即共同拥有，共同使用。公共拥有品牌权益，公共创造品牌价值，公共	共同创造品牌价值、	1. 区域内所有组织与个人共有、共用的品牌。强调政府或官方机构对品牌的控制性。

续表

品牌名称	品牌特征	相同点	不同点
区域公共品牌	使用品牌，公共分享品牌利益。品牌创建属于政府公共服务的重要构成部分，品牌为区域政府与区域内企事业单位、人民共同所有、共同使用、共担责任、共同分享。	共同使用品牌，共同分享品牌权益。	2. 区域公共品牌针对的是公共区域、公共服务领域。 3. 区域公共品牌所有者是政府，在区域公共品牌建设上政府必须占主导、主体地位。 4. 只要是区域内的组织与个人，都能够共同享受区域公共品牌带来的品牌效益。
区域公用品牌	重点不在“public”，而在“使用”(public use/share)。由区域范畴之内的企业与个人多主体共同创建、共同使用、共同享受品牌带来的利益，行业协会组织主导区域公用品牌建设。		1. 品牌所有权与品牌使用权分离，品牌所有权属行业协会等运营组织所有，品牌使用权由行业协会等组织授权符合标准的生产经营者使用。 2. 区域公用品牌针对的更多是产业品牌、产品品牌等生产经营领域，只有区域内获准授权者才能共用、共建、共享。 3. 区域公用品牌所有者是行业协会组织，在区域公用品牌建设上，行业协会组织是主体，政府只能起引导、推动作用。 4. 区域公用品牌由于商标所有权与商标使用权分离，因此，商标所有权不具有公共性，由商标所有权属产生的品牌价值、品牌资产等并不具有共享性。

3. 农产品区域公用品牌所有权主体

众所周知，一个企业的品牌所有权属于企业，企业拥有对所属品牌的无形资产权利。企业对品牌拥有很强的控制力并因此而获利，当然有动力动用人力、物力和财力打造自身品牌。

需要指出的是，农产品区域公用品牌的所有权主体比较复杂：区域内的广大农户和农业企业主体对某农产品区域公用品牌都拥有使用权（通过授权获得），但是品牌的所有权却不归属于区域内任何一个农户和农业企业。农产品区域公用品牌所有权属于行业协会组织，农户和农业企业使用农产品区域公用品牌需要行业协会组织的授权。

4. 农产品品质的区域特征是建立农产品区域公用品牌的重要基础

人们耳熟能详的农产品大都具有鲜明的区域特征。如果脱离了特定的区域，这些农产品就会失去原有特色，且并不为消费者所知悉，如烟台苹果、金乡大蒜、五常大米、新疆哈密瓜、大兴西瓜、正阳花生等。

根据《国务院关于促进乡村产业振兴的指导意见》及《农业农村部关于加快推进品牌强农的意见》中建立中国农业品牌目录制度的相关要求，具有代表性的300个特色农产品区域公用品牌入选中国农业品牌目录。酒香也怕巷子深，建立中国农业品牌目录制度，有利于赋能农业发展，打造一批叫得响、过得硬、有影响力、有国际竞争力的中国农业品牌，加快我国由农业大国向农业强国的转变。

农产品区域公用品牌的作用

农产品区域公用品牌是指在一个具有特定自然生态环境、历史人文因素的区域内，由相关组织所有并由若干农业生产经营者共同使用的农产品品牌。农产品区域公用品牌通常由“产地名 + 产品名”构成，原则上产地应为县级或地市级，并有明确的生产区域范围。农产品区域公用品牌具有深厚的原生人文内涵，富含特定的产地文脉因素，形成农产品的地方特色。

农产品区域公用品牌的物质载体是优质农产品，基础是某一区域的特殊物种、土壤、气候、温差、水分、传统工艺、人文历史等众多因素。在长期发展的过程中，区域特色农产品具有天然孕育的差异性及相对的资源稀缺性，使该区域农产品与其他同类产品相比具有独特的优势。

农产品区域公用品牌是特定区域的代表，具有一定的表征性意义和价值，建立和推广农产品区域公用品牌，可以改变传统农业的“弱质性”，并有效整合区域中“多而散、小而弱”的农业品牌资源，有利于塑造本区域农产品良好的整体形象，快速提升知名度、竞争力和附加值，从而形成区域产业优势。

1. 建设农产品区域公用品牌意义重大

建设农产品区域公用品牌具有积极的作用：一是能够优化配置生产要素，促使农业增长方式由粗放增长向集约增长转变；二是调整区域经济和产业结构，带动区域优势农产品合理布局，实现农产品规模化生产、标准化管理和产业化经营；三是促进农业增效、农民增收以及农村经济繁荣发展。

农产品区域公用品牌不仅是乡村振兴战略的重要抓手，也是标准化、专业化、现代化在农业领域的具体实践，有利于农业提质增效和农民增收。近年来，我国多地通过加强农产品区域公用品牌建设，吸收广大农户、专业大户、家庭农场、农民合作社、农业产业化龙头企业等多种农业经营主体投入特色优势产业发展，区域经济效益显著增加，农业产业升级明显加快，农民收入快速提高。

下面介绍甘肃省陇南市武都区花椒产业发展情况。

【案例 5-1】

花椒是甘肃省陇南市武都区特产，是中国国家地理标志产品。武都花椒的栽植历史悠久，被称为“中国花椒之乡”。武都区地处陕、甘、川三省交界，是我国花椒最佳生长区之一，花椒种植面积达到百万亩，盛产的大红袍花椒以其色红油重、粒大饱满、香味浓郁、麻味醇厚、药效成分多、精油含量高等优良品质著称。

这些年来，武都花椒名气越来越大，品牌越叫越响，从增产难增收到“红”得紧俏和“红”得有效益，实现成功“逆袭”。

农产品区域品牌建设往往是通过政府或行业协会有组织地策划、规划、建设、产业化运营及长期培育来实现。近年来，武都区委、区政府坚持高起点、高标准谋划花椒产业的战略性提升，全力打造“中国花椒之都”，依托电子商务，武都区逐步建立起覆盖全区 36 个乡镇、农林企业、产业协会的全区、区域、乡镇、村社、个体五级电子商务网络营销体系，不断提升武都花椒的知名度，花椒产业已成为武都区广大群众脱贫致富的战略性主导产业。

2011 年，“武都花椒”被国家工商总局商标局核准注册为地理标志证明商标。2012 年，国家质检总局批准对武都花椒实施地理标志产品保护。2013 年“武都大红袍”和“武都八月椒”获得林木良种称号，同年，“武都花椒”被确定为中国农产品区域公用品牌。2015 年，武都花椒通过农业部农产品地理标志登记。

2011 年，武都区花椒总面积达 100 万亩，花椒总产量达 2500 万公斤，销售收入达 13 亿元。2017 年，武都区花椒产量达 4400 万公斤，产值 33 亿元。2018 年，武都区花椒基地面积稳定在 100 万亩，连续保持了花椒主产县（区）中产量、产值、品质和产区农民人均可支配收入占比四个“全国第一”。武都区通过发展花椒产业脱贫 2.2 万户 8.6 万人。武都区花椒电商有效运营网店有 1450 家，累计销售总额达 15 亿元，电商扶贫人均增收 820 元。成立花椒专业合作社 294 家，发展花椒营销企业、协会 660 家。

2020 年 2 月，武都区被认定为第三批中国特色农产品优势区。

可以说，农产品区域公用品牌具有区域整合力和区域联动力，因此对推动品牌农业意义重大。

2. 农产品区域公用品牌三张“名片”的作用

与企业品牌、产品品牌等普通商标意义上的品牌不同，区域公用品牌具有整合区域资源、联动区域力量的特殊能力。对农产品区域公用品牌来说，它有着举足轻重的地位，起着三张“名片”的作用：一是区域农产品的“代言名片”（人们一提到某个区域的农产品，自然会想到某个农产品区域品牌）；二是特定农产品的“经济名片”（人们只要想购买某一种农产品，首先想到的就是某个农产品区域品牌）；三是区域的“形象名片”（很多区域之所以出名，就是因为某个农产品区域品牌产生的辐射效应）。农产品区域公用品牌具有区域象征性。区域公用品牌是一个区域形象的载体，一个优秀的农产品区域公用品牌对提升区域形象，提高区域知名度、美誉度以及促进旅游发展等都能起到积极作用。

可以说，农产品区域品牌具有超越一般品牌的经济效应和社会效应。

下面以重庆涪陵榨菜为例加以说明。

【案例 5-2】

说起重庆涪陵，消费者的第一反应就是其知名农产品“榨菜”，农产品区域公用品牌“涪陵榨菜”天下皆知。可以说，涪陵榨菜是重庆涪陵农产品的“代言名片”。

涪陵榨菜始创于 1898 年，是重庆市涪陵区特产、中国国家地理标志产品。涪陵榨菜选用涪陵特有的青菜头，经独特的加工工艺制成鲜嫩香脆的风味产品，与法国酸黄瓜、德国甜酸甘蓝并称世界三大名腌菜，也是中国对外出口的三大名菜（榨菜、薇菜、竹笋）之一。其传统制作技艺被列入第二批国家级非物质文化遗产名录。

“涪陵榨菜”于 2000 年 4 月被国家工商总局商标局核准注册为地理标志证明商标，“Fuling Zhacai”于 2006 年被国家工商总局商标局核准注册为地理标志证明商标。2004 年国家质检总局批准对涪陵榨菜实施原产地域产品保护。2017 年，“涪陵榨菜”品牌价值 147.32 亿元，居全国农产品区域公用品牌第 2 位，而“涪陵青菜头”品牌价值达 24.38 亿元，居第 68 位。此外，“涪陵榨菜”品牌荣获“2017 年中国百强农产品区域公用品牌”荣誉称号。

涪陵榨菜是一张闪亮的“经济名片”。2017 年，涪陵区青菜头种植面积 72.4 万亩，总产量 159.6 万吨，实现产业总产值 90 亿元，助农增收近 3 亿元。2018 年，“涪陵榨菜”的产值已达到 102 亿元，形成了全形榨菜、方便榨菜、出口榨菜三大系列 100 多个产品品种，产品销往全国和世界各地。

作为全国乃至世界著名的特色食品，涪陵榨菜又是涪陵的一张“形象名片”。1995 年 3 月，涪陵被国家命名为“中国榨菜之乡”；2003 年，被国家授予“全国果蔬十强区”；2015 年，被授予“中国百佳特色产业县（区）”；2017 年，被认定为“中国特色农产品优势区”；2018 年，被批准创建国家现代农业产业园。

涪陵榨菜是一项大产业，还带动了当地的特色旅游。“涪陵 1898 榨菜文化小镇”是以涪陵榨菜历史文化为背景，集涪陵榨菜文化展示、传承保护、观光体验、休闲旅游等于一体的农旅文商贸综合性项目，共投资约 6.9 亿元。项目建设内容主要包括：榨菜博物馆、榨菜文化广场、榨菜非遗传承保护中心、非遗文化活态展示街区、美食街区、文化休闲娱乐区、旅游观光服务综合区；配套建设交通场站、停车场、临江旅游码头等基础设施和沿江 1.5 公里滨江绿化生态公园。

再以四川资中血橙为例做进一步说明。

【案例 5–3】

四川资中血橙种质为塔罗科血橙，1992 年自意大利引进第一批血橙树苗，经过 20 多年的本地化培育已具有本地特性，经原产地意大利专家品鉴后，认定其品质已大大超越意大利血橙，因此正式定名为“资中血橙”。2010 年 12 月，国家质检总局批准对资中血橙实施地理标志产品保护。2017 年资中血橙通过农业部评审，成功申报农产品地理标志。

四川省资中县血橙产业发展具有良好基础，近年来发展迅速，年产量约占全国产量的60%、全省产量的80%，是全国最大的血橙规模化生产基地。2018年底，资中血橙种植面积已达25万亩，挂果面积17万亩，产量达36万吨，已实现果农直接收益18亿元。

3. 农产品区域公用品牌和产品品牌之间的关系

建设农产品区域公用品牌，要处理好与区域内各产品品牌之间的关系，即如何使农产品区域公用品牌与区域内产品品牌之间形成最佳的协同效应，从而实现区域内品牌效益的最大化。

具体来说，要把农产品区域公用品牌作为母品牌，区域内各产品品牌作为子品牌，且两个层次的品牌都有自己独立的定位和价值，都有自己的目标消费群体和推广方式，并在实际的建设和推广中相互支持、相互助进，相辅相成。通常情况下，农产品区域公用品牌由行业协会所有，代表着区域的产品特色、环境和人文特色、主流价值观和核心价值。而区域内单个产品品牌由区域龙头企业、农民合作社申请、注册，是区域品牌的一部分。区域内单个产品品牌从区域公用品牌得到强大背书的同时，又保持自身在经济、社会效益方面的相对独立。

作为农产品区域公用品牌的所有者，行业协会的主要职能体现在以下几个方面：一是及时申请、注册能反映区域内农产品特点、满足消费者心理、符合法律规定的区域品牌证明商标或集体商标；二是使用统一的识别体系，代表区域特色农产品的统一形象；三是制定行业标准，对区域内的农产品建立严格的生产经营标准体系和市场准入制度，不断提高农产品的品质和农产品区域公用品牌的知名度、美誉度和忠诚度。

作为区域内农产品品牌的所有者，农产品生产经营企业的职责主要包括：一是及时申请、注册能反映企业产品特点、满足消费者心理、符合法律规定的产品商标；二是使用统一的识别体系，代表企业特色农产品的统一形象，体现自身产品的独特性；三是负责制定企业特色农产品的种植、加工、包装、销售等各个环节质量标准；四是不断优化和配置自身的资源要素，尤其是农产品龙头企业，通过“企业 + 合作社”“企业 + 合作社 + 农户”等经营模式进行市场化运作；五是保持与行业协会的密切合作，获得农产品区域公用品牌授权，积极参与农产品区域公用品牌运营，从而增强农产品品牌影响力，提高市场竞争力。

附录 5-1

中国农业品牌目录 2019 农产品区域公用品牌

序号	申报单位	申报品牌
	果　品（81 个）	
1	北京市平谷区人民政府果品办公室	平谷大桃
2	北京市大兴区西甜瓜产销协会	大兴西瓜
3	天津市滨海新区葡萄种植业协会	茶淀玫瑰香葡萄
4	河北省张家口市宣化区葡萄研究所	宣化牛奶葡萄
5	山西省隰县果业局	隰县玉露香梨
6	山西省夏县夏乐精品瓜业协会	夏县西瓜
7	山西省临猗县临晋镇人民政府	临猗县临晋江石榴
8	内蒙古自治区乌海市植保植检站	乌海葡萄
9	辽宁省鞍山市南果梨协会	鞍山南果梨
10	辽宁省大连市现代农业生产发展服务中心	大连大樱桃
11	辽宁省庄河市农业发展服务中心	庄河蓝莓
12	辽宁省葫芦岛市农业发展服务中心	葫芦岛苹果
13	辽宁省大连市现代农业生产发展服务中心	大连苹果
14	辽宁省北镇市农业农村局	北镇葡萄
15	辽宁省东港市草莓协会	东港草莓
16	黑龙江省伊春市绿色食品协会	伊春蓝莓
17	上海市嘉定区马陆镇农业服务中心	马陆葡萄
18	上海市浦东新区农业技术推广中心	南汇水蜜桃

续表

序号	申报单位	申报品牌
19	江苏省句容市茅山镇人民政府	丁庄葡萄
20	江苏省东台市西瓜产销协会	东台西瓜
21	浙江省象山县柑橘产业联盟	象山柑橘
22	浙江省衢州市柑桔产业协会	衢州椪柑
23	浙江省常山县胡柚产销行业协会	常山胡柚
24	浙江省慈溪市林特技术推广中心	慈溪杨梅
25	安徽省长丰县草莓协会	长丰草莓
26	安徽省怀远县石榴协会	怀远石榴
27	福建省永春县柑桔同业公会	永春芦柑
28	福建省福清市一都镇农业服务中心	一都枇杷
29	江西省赣州市赣南脐橙协会	赣南脐橙
30	山东省肥城市肥城桃产业协会	肥城桃
31	山东省昌乐县瓜菜协会	昌乐西瓜
32	山东省烟台市苹果协会	烟台苹果
33	山东省烟台市大樱桃协会	烟台大樱桃
34	河南省灵宝市果品产业协会	灵宝苹果
35	河南省兰考县农产品质量安全检测中心	兰考蜜瓜
36	河南省西峡县猕猴桃生产办公室	西峡猕猴桃
37	湖北省宜昌市柑桔产业协会	宜昌蜜桔
38	湖北省秭归县柑橘协会	秭归脐橙
39	湖南省洞口县雪峰蜜桔协会	洞口雪峰蜜桔
40	湖南省石门县柑橘协会	石门柑橘

续表

序号	申报单位	申报品牌
41	湖南省炎陵县炎陵黄桃产业协会	炎陵黄桃
42	广东省德庆县农业技术推广中心	德庆贡柑
43	广东省惠阳区农业农村局	镇隆荔枝
44	广东省梅县区农业农村局	梅县金柚
45	广东省始兴县农业农村局	始兴杨梅
46	广西壮族自治区百色市发展水果生产办公室	百色芒果
47	广西壮族自治区南宁市水果生产技术指导站	南宁香蕉
48	广西壮族自治区平南县农业技术推广中心	平南石硖龙眼
49	广西壮族自治区融安县水果生产技术指导站	融安金桔
50	广西壮族自治区灵山县龙武香荔桂味荔枝协会	灵山荔枝
51	广西壮族自治区富川县水果生产办公室	富川脐橙
52	广西壮族自治区阳朔县农业技术推广中心	阳朔金桔
53	海南省三亚市芒果协会	三亚芒果
54	海南省澄迈福橙产销协会	澄迈福橙
55	海南省三亚市农业农村局	三亚甜瓜
56	重庆市忠县果业发展中心	忠县柑橘
57	重庆市梁平区农业技术服务中心	梁平柚
58	重庆市巫山县果品产业发展中心	巫山脆李
59	重庆市黔江区农产品质量安全管理站	黔江猕猴桃
60	四川省安岳县柠檬产业局	安岳柠檬
61	四川省苍溪县猕猴桃产业发展局	苍溪红心猕猴桃
62	四川省都江堰市猕猴桃协会	都江堰猕猴桃

续表

序号	申报单位	申报品牌
63	四川省丹棱县农业农村局多经站	丹棱桔橙
64	贵州省安顺市镇宁县植保质检站	镇宁蜂糖李
65	云南省华坪县人民政府	华坪芒果
66	云南省宾川县农副产品营销服务中心	宾川红提葡萄
67	云南省昭通市苹果产业发展协会	昭通苹果
68	云南省华宁县柑橘产业发展办公室	华宁柑桔
69	陕西省眉县果业局	眉县猕猴桃
70	陕西省洛川县苹果产业协会	洛川苹果
71	陕西省大荔县果业发展中心	大荔冬枣
72	陕西省白水县苹果产品发展中心	白水苹果
73	陕西省凤翔县农产品质量安全检验检测站	凤翔苹果
74	陕西省西安市鄠邑区农业技术推广中心	户县葡萄
75	陕西省铜川市果业发展中心	铜川苹果
76	陕西省蒲城县果业管理局	蒲城酥梨
77	陕西省铜川市果业发展中心	铜川大樱桃
78	甘肃省庆阳市果业发展中心	庆阳苹果
79	宁夏回族自治区中卫市苹果产业协会	沙坡头苹果
80	宁夏回族自治区中卫市农业技术推广与培训中心	中卫硒砂瓜
81	新疆维吾尔自治区巴音郭楞蒙古自治州库尔勒香梨协会	库尔勒香梨
蔬　菜（31个）		
1	天津市西青区辛口镇沙窝萝卜产销协会	沙窝萝卜

续表

序号	申报单位	申报品牌
2	河北省玉田县农业技术推广中心	玉田包尖白菜
3	山西省大同市云州区黄花菜合作协会	大同黄花
4	黑龙江省梅里斯达斡尔族区人民政府	梅里斯大八旗洋葱
5	江苏省靖江市香沙芋产销协会	靖江香沙芋
6	浙江省余姚市榨菜协会	余姚榨菜
7	福建省建宁县建莲产业协会	建宁通心白莲
8	山东省金乡县大蒜种植协会	金乡大蒜
9	山东省济南市莱芜区生姜加工协会	莱芜生姜
10	山东省济南市章丘区大葱产业协会	章丘大葱
11	山东省曹县芦笋协会	曹县芦笋
12	山东省寿光蔬菜瓜果产业协会	寿光桂河芹菜
13	山东省昌邑市大姜协会	昌邑大姜
14	山东省兰陵县农业科学研究所	苍山大蒜
15	河南省温县四大怀药协会	温县铁棍山药
16	河南省汝阳县农产品质量安全检测站	汝阳红薯
17	河南省杞县农业产业化办公室	杞县大蒜
18	河南省柘城县农业农村局	柘城辣椒
19	湖南省华容县蔬菜产业服务中心	华容芥菜
20	湖南省汝城县农业综合服务中心	汝城朝天椒
21	广东省增城区农业农村局	增城迟菜心
22	广东省新丰县农业农村局	新丰佛手瓜
23	广西壮族自治区荔浦市农业农村局	荔浦芋

续表

序号	申报单位	申报品牌
24	海南省澄迈县桥头地瓜产销协会	澄迈桥头地瓜
25	重庆市涪陵区榨菜管理办公室	涪陵青菜头
26	四川省绵阳市安州区经济作物站	安州魔芋
27	四川省遂宁市安居区五二四红苕专业技术协会	安居红苕
28	贵州省安顺市普定县人民政府	白旗韭黄
29	云南省罗平县生姜技术推广站	罗平小黄姜
30	甘肃省兰州农产品产销协会	榆中大白菜
31	青海省循化线辣椒协会	循化线辣椒
粮　食（46个）		
1	天津市津南区农业技术推广服务中心	小站稻
2	河北省卢龙县农业农村局	卢龙孤竹小金米
3	山西省忻府区农业产业化协会	忻州糯玉米
4	山西省岚县农业技术站	岚县马铃薯
5	山西省沁县农业技术推广中心	沁州黄小米
6	内蒙古自治区兴安盟农牧业产业化龙头企业协会	兴安盟大米
7	内蒙古自治区赤峰市农畜产品质量安全监督站	赤峰小米
8	内蒙古自治区敖汉旗农业遗产保护中心	敖汉小米
9	内蒙古自治区乌兰察布市农畜产品质量安全监督管理中心	乌兰察布马铃薯
10	辽宁省盘锦市大米协会	盘锦大米
11	吉林省九台区农业农村局	九台贡米
12	吉林省榆树市人民政府	榆树大米

续表

序号	申报单位	申报品牌
13	吉林省梅河大米协会	梅河大米
14	吉林省舒兰市大米协会	舒兰大米
15	黑龙江省庆安县人民政府	庆安大米
16	黑龙江省方正大米协会	方正大米
17	黑龙江省桦南县优质农产品协会	桦南大米
18	黑龙江省绥化市绿色食品发展中心	绥化鲜食玉米
19	黑龙江省肇州县老街基特色杂粮协会	肇州糯玉米
20	黑龙江省五常市大米协会	五常大米
21	黑龙江省宁安市人民政府国家地理标志保护产品管理办公室	响水大米
22	黑龙江省海伦市农业产业化协会	海伦大豆
23	黑龙江省农垦九三管理局	九三大豆
24	上海崇明大米产业协会	崇明大米
25	上海市松江区农业农村委员会	松江大米
26	江苏省射阳县大米协会	射阳大米
27	江西省宜春市袁州区农业农村局	宜春大米
28	江西省万年县农业农村局	万年贡米
29	江西省永修县经济作物生产技术指导站	永修香米
30	山东省滕州市种子管理站	滕州马铃薯
31	河南省新乡市种子管理站	新乡小麦
32	河南省永城市现代农业发展促进会	永城富硒小麦粉
33	湖南省常德市粮食行业协会	常德香米

续表

序号	申报单位	申报品牌
34	广东省台山市粮食行业协会	台山大米
35	广东省恩平市农业农村局	恩平大米
36	四川省广元市昭化区农业技术推广中心	昭化王家贡米
37	贵州省兴仁县薏仁专业协会	兴仁薏仁米
38	贵州省从江县农产品质量安全监管检测站	从江香禾糯
39	云南省墨江哈尼族自治县农业农村和科学技术局	墨江紫米
40	甘肃省定西市安定区马铃薯经销协会	定西马铃薯
41	青海省农产品流通促进会	兴海青稞
42	宁夏优质稻米产业化协会	宁夏大米
43	宁夏回族自治区西吉县马铃薯产业服务中心	西吉马铃薯
44	新疆维吾尔自治区察布查尔锡伯自治县有机农产品协会	察布查尔大米
45	新疆维吾尔自治区奇台县农业技术推广中心	奇台面粉
46	新疆维吾尔自治区木垒哈萨克自治县农业农村局	木垒鹰嘴豆
	油　料（8个）	
1	内蒙古自治区巴彦淖尔市绿色食品发展中心	河套向日葵
2	河南省驻马店市正阳县农产品质量安全检测站	正阳花生
3	河南省驻马店市平舆县农产品质量安全检测站	平舆白芝麻
4	湖南省邵阳县油茶产业发展办公室	邵阳茶油
5	广东省龙川县农业农村局	龙川山茶油
6	重庆市酉阳土家族苗族自治县农产品质量安全监督管理站	酉阳茶油
7	甘肃省会宁县电子商务协会	会宁胡麻油

续表

序号	申报单位	申报品牌
8	青海省门源县农业技术推广中心	门源小油菜籽
畜　禽（30个）		
1	北京市畜牧总站	北京鸭
2	内蒙古自治区鄂托克旗农牧业产业化综合服务中心	鄂托克阿尔巴斯绒山羊
3	内蒙古自治区呼伦贝尔市农牧业产业化协会	呼伦贝尔草原羊肉
4	内蒙古自治区锡林郭勒盟肉类协会	锡林郭勒羊肉
5	内蒙古自治区包头市达茂联合旗肉食品行业协会	达茂草原羊
6	内蒙古自治区通辽市农畜产品质量安全中心	科尔沁牛
7	吉林省长春市双阳区鹿乡镇人民政府	双阳梅花鹿
8	吉林省乾安县农业农村局	乾安肉羊
9	吉林省桦甸市农业农村局	桦甸黄牛
10	江苏省海门市畜牧兽医站	海门山羊
11	江苏省如东县狼山鸡协会	如东狼山鸡
12	江西省宁都县畜牧兽医局	宁都黄鸡
13	山东省汶上县芦花鸡协会	汶上芦花鸡
14	河南省驻马店市泌阳县夏南牛研究推广中心	泌阳夏南牛
15	河南省郏县红牛养殖协会	郏县红牛
16	湖北省黄冈市人民政府	大别山黑山羊
17	湖南省临武县临武鸭产业协会	临武鸭
18	重庆市丰都县肉牛协会	丰都牛肉
19	重庆市荣昌区农产品质量安全检验检测站	荣昌猪

续表

序号	申报单位	申报品牌
20	重庆市城口县农业畜牧技术推广中心	城口山地鸡
21	四川省巴中市南江黄羊科学研究所	南江黄羊
22	云南省腾冲市畜牧工作站	槟榔江水牛
23	西藏亚东县农业农村局	帕里牦牛
24	陕西省富平县畜牧发展中心	富平奶山羊
25	甘肃省山丹羊产业开发办公室	山丹羊肉
26	甘肃省天祝县农产品质量安全检测站	天祝白牦牛
27	青海省大通县农产品质量安全检验检测站	大通牦牛
28	青海省互助县畜牧兽医站	互助八眉猪
29	宁夏回族自治区盐池县滩羊肉产品质量监督检验站	盐池滩羊肉
30	宁夏回族自治区固原市畜牧推广服务中心	固原黄牛
水　产（21个）		
1	天津市宝坻区泥鳅养殖业协会	宝坻黄板泥鳅
2	辽宁省大连市海洋渔业协会	大连海参
3	辽宁省渔业协会	辽参
4	吉林省前郭尔罗斯蒙古族自治县农业农村局	查干湖淡水鱼
5	黑龙江省杜尔伯特蒙古族自治县渔业协会	连环湖鳙鱼
6	江苏省洪泽湖渔业协会	洪泽湖大闸蟹
7	江苏省盱眙龙虾协会	盱眙龙虾
8	江苏省溧阳市青虾养殖协会	溧阳青虾
9	江苏省常州市金坛区水产技术指导站	长荡湖大闸蟹
10	安徽省五河县螃蟹协会	五河螃蟹

续表

序号	申报单位	申报品牌
11	山东省威海市海参产业协会	威海刺参
12	河南省郑州市渔业协会	郑州黄河鲤鱼
13	湖北省潜江龙虾产业发展促进会	潜江龙虾
14	湖北省荆州市荆州鱼糕加工产业协会	荆州鱼糕
15	湖北省洪湖市水生蔬菜产业开发研究会	洪湖莲藕
16	湖南省南县小龙虾协会	南县小龙虾
17	广东省珠海市斗门区人民政府	斗门白蕉海鲈
18	广东省茂名市农业农村局	茂名罗非鱼
19	广西壮族自治区钦州市水产技术推广站	钦州大蚝
20	西藏亚东县农业农村局	亚东鲑鱼
21	青海省循化撒拉自治县农业农村和科技局	黄河循鳟
茶　叶（33个）		
1	江苏省宜兴市茶叶协会	宜兴红茶
2	江苏省苏州市吴中区洞庭山碧螺春茶业协会	洞庭山碧螺春
3	浙江省泰顺县茶业协会	泰顺三杯香茶
4	浙江省宁海县茶业协会	望海茶
5	浙江省淳安县茶叶行业协会	千岛湖茶
6	浙江省安吉县农业农村局茶叶站	安吉白茶
7	安徽省裕安区茶叶协会	六安瓜片
8	安徽省黄山区茶业协会	太平猴魁
9	安徽省巢湖坝镇都督山茶叶产业协会	都督翠茗
10	安徽省石台县硒产业协会	石台硒茶

续表

序号	申报单位	申报品牌
11	安徽省滁州市南谯区滁菊协会	滁州滁菊
12	福建省福安市茶业协会	坦洋工夫
13	福建省武夷山市茶叶科学研究所	武夷山大红袍
14	福建省福州市园艺学会	福州茉莉花茶
15	江西省婺源县茶业协会	婺源绿茶
16	江西省九江市茶叶产业协会	庐山云雾茶
17	江西省靖安县白茶协会	靖安白茶
18	江西省浮梁县茶叶协会	浮梁茶
19	山东省泰安市泰山茶叶协会	泰山茶
20	山东省日照市茶叶技术推广中心	日照绿茶
21	河南省信阳市茶叶协会	信阳毛尖
22	湖北省武当道茶产业协会	武当道茶
23	湖北省恩施州茶产业协会	恩施硒茶
24	湖北省襄阳市茶叶协会	襄阳高香茶
25	湖南省安化县茶旅产业发展服务中心	安化黑茶
26	湖南省岳阳市茶叶产业化领导小组办公室	岳阳黄茶
27	广东省英德市农业农村局	英德红茶
28	广西壮族自治区横县茉莉花产业服务中心	横县茉莉花茶
29	重庆市永川区茶叶行业协会	永川秀芽
30	四川省筠连县农业农村局茶叶技术推广站	筠连红茶
31	贵州省湄潭县茶叶协会	湄潭翠芽
32	云南省临沧市农业农村局	临沧普洱茶

续表

序号	申报单位	申报品牌
33	陕西省安康市茶业协会	安康富硒茶
	林　特（16个）	
1	北京市怀柔区农业发展促进会	怀柔板栗
2	河北省易县柿子产业协会	易县磨盘柿
3	山西省稷山县枣业发展服务中心	稷山板枣
4	辽宁省铁岭市现代农业服务中心	铁岭榛子
5	福建省建瓯市锥栗协会	建瓯锥栗
6	福建省南平市延平区林木种苗站	延平百合
7	江西省乐安县竹笋加工协会	乐安竹笋
8	江西省宜丰县绿色食品发展办公室	宜丰蜂蜜
9	海南省文昌市农业农村局	文昌椰子
10	云南省江城县农业技术推广中心	江城坚果
11	云南省德宏州农业农村局	德宏小粒咖啡
12	甘肃省永登县玫瑰协会	苦水玫瑰
13	宁夏回族自治区灵武长枣协会	灵武长枣
14	新疆维吾尔自治区特克斯县农业农村局产业化科	特克斯山花蜜
15	新疆维吾尔自治区阿克苏地区实验林场	阿克苏红枣
16	新疆生产建设兵团和田玉枣产业协会	和田玉枣
	食用菌（10个）	
1	河北省平泉市食用菌行业协会	平泉香菇
2	吉林省汪清县乡镇企业暨农产品加工企业协会	汪清黑木耳
3	吉林省蛟河市黄松甸食（药）用菌协会	黄松甸黑木耳

续表

序号	申报单位	申报品牌
4	黑龙江省东宁市食用菌协会	东宁黑木耳
5	福建省顺昌县食用菌竹笋开发办公室	顺昌海鲜菇
6	山东省邹城市食用菌产业发展中心	邹城蘑菇
7	湖北省随州市食用菌协会	随州香菇
8	四川省通江银耳协会	通江银耳
9	四川省青川县农业产业发展中心	青川黑木耳
10	陕西省商洛市农技推广站	商洛香菇
中药材（18个）		
1	河北省巨鹿县林业局	巨鹿金银花
2	山西省屯留县民康中药材专业技术协会	上党党参
3	吉林省抚松县人参产业发展中心	抚松人参
4	浙江省乐清市铁皮石斛产业协会	雁荡山铁皮石斛
5	安徽省天长市铜城芡实协会	天长龙岗芡实
6	安徽省霍山县霍山石斛产业协会	霍山石斛
7	河南省济源市人民政府	济源冬凌草
8	湖北省蕲春县蕲艾产业协会	蕲春蕲艾
9	广东省化州市农业农村局	化州橘红
10	广西壮族自治区永福县名特优农产品协会	永福罗汉果
11	贵州省赤水市现代高效农业园区管理委员会	赤水金钗石斛
12	贵州省安龙县植保植检站	安龙白及
13	云南省文山州三七中医药发展中心	文山三七
14	甘肃省瓜州县农业农村局	瓜州枸杞

续表

序号	申报单位	申报品牌
15	甘肃省文县中药材产业开发服务中心	文县纹党参
16	青海省海西州农牧局	柴达木枸杞
17	宁夏回族自治区中宁县枸杞产业发展服务中心	中宁枸杞
18	新疆精河县枸杞协会	精河枸杞
其　他（6个）		
1	江西省乐平市名口镇流芳区域资源研究社	流芳茅蔗糖
2	广东省江门市新会区新会陈皮行业协会	新会陈皮
3	重庆市江津区农产品质量安全中心	江津花椒
4	甘肃省张掖市种子行业协会	张掖种子玉米
5	新疆维吾尔自治区霍城县农业技术推广站	霍城薰衣草
6	新疆维吾尔自治区岳普湖县农业农村局	岳普湖小茴香

第六章

农产品区域公用品牌建设与推广

农产品区域公用品牌建设条件

农产品区域公用品牌建设是一个系统工程，既需要人力、物力和财力的支持，也需要长期的准备。实践中，农产品区域公用品牌创建者要制定合理的品牌建设战略，并根据特色农产品的具体情况（产品特色、生产规模、资金状况、市场推广、消费者接受程度等）有针对性地制定建设思路，确保农产品区域公用品牌的有效建设。

1. 农产品区域公用品牌的特殊性

农产品区域公用品牌基于地方名优特农产品、独特的资源，以悠久人文历史为内涵，以科学的种养方式和长期积累的加工工艺为基础。农产品区域公用品牌表现出的地方特色、文化价值等赋予区域农产品地域个性特色、品质个性和竞争优势。

根据浙江大学 CARD（中国农村发展研究院）中国农业品牌研究中

心所给出的定义，农产品区域公用品牌是特定区域内相关机构、企业、农户等所共有的，在生产地域范围、品种品质管理、品牌使用许可、品牌营销与传播等方面具有共同诉求与行动，以联合提高区域内外消费者评价，使区域产品与区域形象共同发展的农产品品牌。

农产品区域公用品牌有其专属的农产品，有一定的区域范围，离开这一特定区域，生产所需的自然资源、产业资源、人文历史即有差异，所出产的农产品就不属于该区域公用品牌产品。比如烟台苹果是指烟台辖区内的长岛县、龙口、莱阳、莱州、蓬莱、招远、栖霞和海阳等地栽培的苹果。烟台苹果栽培历史悠久，是中国最早栽培苹果的地方。多年来，烟台不断加强苹果产品研发和科技创新，大力推进标准化生产、绿色化认证、智能化管理、国际化营销，全力打造区域公用品牌。烟台苹果出口到世界 30 多个国家和地区，出口量占全国的 1/3。“烟台苹果”品牌价值达 126.01 亿元，连续八年蝉联中国农产品区域公用品牌果业第一品牌。又比如“阿克苏苹果”，必须是产自新疆阿克苏地区，达到一定生产标准的冰糖心苹果。反观工业产品，与农业产品完全不同，同样是“苹果”，乔布斯打造的苹果品牌，产品主要包括手机（iPhone）、电脑（iMac、iPad）、播放器（iPod）等，只要苹果公司愿意，还可以开发出苹果品牌非电子产品，而上述所有的苹果产品，既可以在美国生产，也可以在中国、印度等国家生产，消费者对苹果产品的产地并不看重，这一点与农产品苹果完全不同。

2. 建设农产品区域公用品牌的条件

建设农产品区域公用品牌需要以下几个条件：一是资源条件，要拥有独特的自然资源、历史悠久的种植养殖方式与文化积淀；二是营养价值、口感等要独特，要与同类产品不同；三是要实行标准化生产、产业化经营和规范化管理；四是市场地位要高，竞争力要强，产品质量要领先，市场占有率、知名度和消费者满意度等要位居行业前列；五是产品的品质要高，要在同类产品中具有突出的优势。

3. 农产品区域公用品牌的品质要求

好品牌是建立在好品质基础上的，而好品质与标准化生产、加工、物流、营销等密切相关。地方政府要加大农产品区域公用品牌建设的统筹力度，制定农产品质量和技术标准，提高农产品的标准化水平，为农产品区域公用品牌建设打下坚实的基础。

（1）农产品质量安全要求高。

农产品区域公用品牌代表着整个区域对农产品质量和服务的高标准严要求，这正是区域公用品牌农产品倍受消费者青睐的重要原因。

农产品区域公用品牌要想在同类产品中脱颖而出，农产品本身的品质和质量至关重要：首先要建立区域内优质农产品示范基地和生产基地，实行标准化生产经营，严格规范农产品的生产、加工、销售过程，统一农产品区域公用品牌产品质量，保证农产品的优质和生态安全；其次要建立农产品质量追溯监管平台，依托监管平台，建立完善的信息核查、预警与危机处置机制，实现对农产品质量安全责任的追究，有效预防农产品质量安全事件的发生。

（2）在农产品生产或加工过程中严格执行相关技术标准。

建设农产品区域公用品牌，需要在农产品生产或加工过程中严格执行相关技术标准。

研究发现，世界上做得很成功的农产品区域公用品牌，都是将技术标准放在首位。例如，法国农产品认证作为农产品区域品牌化的关键环节，把农业技术标准与农产品品牌战略相结合。法国葡萄酒的 AOC 认证体系通常包括地域范围、土质条件、气候条件等基础条件，以及种植葡萄品种、栽培方式、产量控制、果实糖分含量、酿造酒的种类、酿造技术等。达不到技术标准的产品，即使出产于该地区，亦不能使用当地 AOC 名号。又如，美国农产品区域公用品牌培育最大的亮点就是标准化生产，新奇士品牌使用统一种植技术标准，从而保证了产品的品质。

近几年来，我国不断加强农产品区域公用品牌建设，同时不断提高农产品的标准化水平。北京市大兴区对“大兴西瓜”的保护就是一个很好的例子。

【案例 6-1】

北京大兴素有“中国西瓜之乡”的美誉，大兴西瓜种植历史悠久，早在距今千年以前的辽太平年间，大兴就开始栽培西瓜了。大兴西瓜单瓜重 4 ～ 5 千克，瓤色鲜艳，晶莹剔透，皮薄，瓜瓤脆沙，甘甜多汁，纤维含量少，口感好，风味佳，果实含糖量高。大兴西瓜栽培广泛，座果率高，适合北京的传统方式栽培，有很高的商品价值。2007 年 3 月，国家质检总局批准对大兴西瓜实施地理标志产品保护。大兴区制定了国家标准《地理标志产品——大兴西瓜》（GB/T 22446—2008），该标准规定：只有符合瓜皮厚度不超过 1.2 厘米、重量不超过 8 公斤，中心含糖量不低于 11%，边缘含糖量不低于 8% 等条件，属于京欣一号、京欣二号、京欣三号和航兴一号等品种，且产于大兴等条件的西瓜才能叫“大兴西瓜”。有了明确的标准，大兴西瓜销售价格远远高于其他西瓜，且供不应求。

为切实保护好北京“大兴西瓜”品牌，大兴区从标准入手：一是不断加强和完善农业标准化建设，以标准化推进地理标志保护产品发展。大兴区质监局联合农委、农科所、种植中心等部门共同推进国家级西瓜标准化生产示范区和已经建成通过验收的标准化生产示范基地的建设水平。通过加强监管和培训等方式，不断完善和提升标准化建设水平。同时，还努力推进标准化基地建设，把大兴西瓜地理标志产品种植企业和农户纳入标准化基地，通过认真抓好新建农业标准化生产基地的建设和考核验收，不断提升大兴西瓜农业标准化生产水平。二是大兴区质监局组织培训班对相关标准化生产基地、农民合作社、各乡镇的广大瓜农等开展农业标准化示范基地的培训，宣讲农业产前、产中、产后各个环节的标准化知识，通过区农业技术推广站及各乡镇的农业技术人员，利用培训及田间地头的技术指导等方式，将栽培技术及技术标准推广、落实到种植企业和农户，做到种植技术按照标准严格统一，从而确保大兴西瓜产品质量。三是强化质量控制环节。大兴区质监局与大兴区农委紧密配合，按期组织对产品进行抽样。每年5、6月份对西瓜的生产基地、种植企业进行集中抽样检测，对生产基地和种植企业配置速测仪等检测设备，要求种植企业定期进行检测，将相应检测结果记录在案，作为相关部门检查验收的依据。四是进一步规范辖区企业合法使用大兴西瓜地理标志保护产品专用标志，大兴区质监局对辖区企业使用专用标志的情况开展专项执法检查，主要是对辖区内已获得国家地理标志保护的15家企业的产品产地范围、产品名称、生产过程、标识以及产品标志的印刷、发放、使用情况进行检查。为了保证国家地理标志产品专用标志使用的严肃性，大兴区质监局还建立了使用国家地理标志产品专用标志企业档案，完善国家地理标志产品专用标志发放记录，将国家地理标志产品专用标志编号一一记录在案，实行严格的质量追溯制度。大兴区质监局每年都要通过多种方式对销售单位及瓜农宣传讲解国家地理标志保护的法规以及地理标志产品专用标志的使用知识。

下面再介绍天津“沙窝萝卜”区域公用品牌建设情况。

【案例 6–2】

天津南运河畔小沙窝村有 300 多年种植萝卜的历史。沙窝萝卜绿如翡翠、甜脆多汁，素有“沙窝萝卜赛鸭梨”的美誉。1970 年，周恩来总理将沙窝萝卜作为国礼送给朝鲜，沙窝萝卜成为两国友谊的纪念品。

辛口镇是全国唯一生产沙窝萝卜的优质种植基地。为守好“沙窝萝卜”这个品牌，辛口镇精选出 8 个水好土好的村庄种植甘甜香脆的沙窝萝卜。同时，辛口镇规划建设沙窝萝卜研究院，聘请农业专家利用 50 亩科技实验田，规范生产标准，引入智能物联网等技术，研发、试种优质新品种。

2003 年，辛口镇政府牵头成立了沙窝萝卜产销协会，并于 2007 年在国家工商总局商标局注册了“沙窝”牌证明商标，界定了沙窝萝卜的生产地域范围及产品质量标准。同时，推广了标准化栽培技术，实现了沙窝萝卜的产业化、标准化生产，对沙窝萝卜籽种选育、种植生产、包装、销售等制定了一系列严格的管理办法。

辛口镇政府还专门制定了《辛口镇沙窝萝卜质量标准》《辛口镇沙

窝萝卜生产技术操作规程》《辛口镇沙窝萝卜植保技术》《沙窝萝卜包装箱及其他标识材料管理办法》等，对沙窝萝卜生产实行流动监测和定点监测，做到产品有认证、有品牌、有包装、有标识，严格按照无公害的标准进行生产和销售。

陕西省在实施农产品区域公用品牌建设过程中，制定了严格的品牌标准，并用这个标准来规范区域生产者的行为，使其在高标准的要求下将绿色、高效生产贯彻始终。例如在全国连片贫困地区渭南，加大了对农产品区域公用品牌的管理力度，通过建立“白水苹果”“大荔冬枣”“蒲城酥梨”“临渭葡萄”“合阳红提”五大水果品牌规范化生产标准，组织900余家果品产销企业和上千个农村经济组织实施标准化生产，提升了五大产品的产量和质量。产品不仅被国内市场认同，还远销澳大利亚、俄罗斯等30多个国家。

农产品区域公用品牌建设思路

农产品区域公用品牌建设可以采取“地方政府主推、行业协会主导、优势企业主用，专业团队运营”的思路，建立品牌共享机制，充分调动企业的积极性。农产品区域公用品牌建设一定要遵循市场规律，强化政府的服务意识，加强战略规划与引导，完善法律法规和政策体系，同时要激发各主体品牌创建的动力，从而形成农产品区域公用品牌建设的强大合力。

1. 农产品区域公用品牌建设模式

以较低的成本建设农产品区域公用品牌并有效提升农产品区域公用品牌的溢价能力尤为重要。从实践来看，主要有单产业突破、全产业突破、全资源融合等三种模式。其中，单产业突破模式强调“集中力量以优势产业突围”，全产业模式突破强调“合力搭台，整合全产业资源”，全资源融合则强调“全域共建，以品牌引领产业融合”。

具体来说，在农业生产经营主体缺乏足够财力、人力和经验进行农产品区域公用品牌建设的情况下，“政府 + 协会 + 企业 / 合作社”是一种既有现实基础又有较强生命力的模式，即在政府和协会的牵头组织下，当地一类或多类农产品形成区域公用品牌后，再通过农产品区域公用品牌标志的授权使用，将与该产品生产经营相关的企业和分散农户有效组织起来，统筹其生产经营行为，迅速形成规模和区域优势，既避免了“一种特色产品，多个注册商标”的分割局面，又大大提高了产品的市场竞争力。

此外，各地自然环境、资源禀赋、农业基础都有所不同，而不同区域都有属于自己的特色农产品品牌。当前，农产品市场竞争十分激烈，很多农产品都在低端市场竞争，而一些农产品小品牌缺乏市场竞争能力，品牌溢价能力不强，也很难实现品牌突围。对此，可以通过并购和合并的方式来整合农产品小品牌，并基于各方力量共同建设和打造农产品区域公用品牌，最终实现当地农产品品牌知名度的整体提升。

以新西兰奇异果 ZESPRI（佳沛）为例，1960—1980 年，新西兰以种植奇异果为业的果农数量已十分庞大，其中种植面积在 75 亩以下的果农占到 80%，品牌多，整个产业处于原始自然竞争状态。1988 年，因为新西兰奇异果最大海外市场美国实行反倾销政策，再加上日本市场经销商倒戈等，新西兰果农遭受重创。在此背景下，2000多户果农注销了各自经营的品牌，组建了一个统一的组织“新西兰奇异果营销局”，并推出ZESPRI（佳沛）作为唯一的品牌，负责新西兰奇异果全球的营销。（详见本书第五章“实施农产品品牌差异化战略”。）

2. 农产品规模化生产

要培育农产品区域公用品牌，规模化生产是重要前提。

根据第三次全国农业普查结果，截至2016年底，我国共有农户2.3亿，其中农业经营户2.1亿，户均经营耕地不足8亩，平均每个地块不足1亩，是典型的小规模经营国家。我国小农户众多，全国小农户数量占农业经营户的98.1%。传统农业生产方式的特点是经营规模小、力量分散、经济实力较弱、科技水平不高，很难打造农产品品牌，而规模化的农业生产可以形成集聚效应，有助于培育农产品区域公用品牌。

以陕西省培育农产品区域公用品牌为例。陕西省凭借培育农产品区域公用品牌这一抓手，发挥农业合作化组织和农业产业化龙头企业的作用，在全省大力开展以苹果为代表的果业、以奶山羊为代表的畜牧业、以棚室栽培为代表的设施农业，并因地制宜发展魔芋、中药材、核桃、红枣和有机、富硒、林特系列产品等区域特色产业的“3+x”工程，以此引领一家一户的农民进入产业化进程，因地制宜生产特色农产品，实现农产品规模化生产，为农产品区域公用品牌建设奠定了坚实的基础。

3. 农产品区域公用品牌创立阶段重点建设内容

在农产品区域公用品牌的创立阶段，既没有品牌知名度和美誉度，也没有形成品牌资产。在地方政府引导、协会组织推广和企业的精心打造下，区域农产品渐渐为广大消费者所知悉和喜爱。只有在长期的积累后，农产品区域公用品牌才会越来越有影响力。

那么，农产品区域公用品牌创立阶段的重点建设内容有哪些呢？第一是品种差异，第二是生产区域差异，第三是生产方式差异。

具体来说，品种的差异主要由农产品的营养性、安全性、食用性和经济性等方面来体现；生产区域的差异性主要指不同区域的地理环境、自然条件（土壤、温湿度、气候、光照等）；生产方式的差异性主要指农产品生产和加工的独特技术和特殊工艺。在这个阶段，要重点抓住农产品品质的差异性，通过多种传播方式迅速提升农产品区域公用品牌的知名度、美誉度和忠诚度，并逐渐产生品牌溢价，为未来品牌发展和扩张打下坚实的基础。

4. 准确定位和发挥特色

作为农产品的生产经营者，在一个领域内确立自己的目标市场并进行有效的定位十分重要。菲力普·科特勒认为：目标市场定位又称产品的市场定位，指管理者对企业的产品和形象进行设计，使其在目标顾客心目中占有一个独特位置的行动。目标市场定位的实质在于，对已经确定的目标市场，从产品特征出发进行更深层次的剖析，进而确定企业营销，最终落实到具体产品的生产和推销。企业的任务就是创造产品的特色，使之在消费者心目中占据突出的地位，留下深刻的印象。

农产品品牌定位十分关键。以涪陵榨菜为例，调研显示，消费者在选择榨菜时最关注的因素是“鲜”和“脆”，因此涪陵榨菜将旗下的“乌江”牌榨菜定位于榨菜最有特色的工艺——榨。乌江榨菜为了保证产品品质，都是经过三次清洗，三次腌榨。乌江榨菜甚至把产品名定为“三榨”，用制作工艺为产品命名。“三榨”源于榨菜，继承了榨菜的优质资源，又区别于普通的榨菜，摆脱了消费者对榨菜低价值的认知，取得了定价的主动权。

专家认为，在农产品区域公用品牌建设过程中，一方面，要对农产品区域公用品牌的发展现状进行深入的调研，并对其具体发展现状及发展环境进行有效的分析，从而找到在建设区域品牌过程中存在的问题，并基于实际情况来实施，重点是针对具体的发展优势来确定战略定位，以及农产品区域公用品牌的战略方向；另一方面，农产品区域公用品牌建设要有效融入当地的文化特色和产品特色，挖掘自身的核心价值，制定科学的品牌推广计划。

需要说明的是，农产品区域公用品牌往往显示出特殊的“双品牌”现象，消费者通常会说他们喝的是“安吉白茶”，吃的是“涪陵榨菜”，而不是生产经营企业或产品的自有品牌。也就是说，在“双品牌”状态下，农产品区域公用品牌为企业自有品牌做了信用背书，助力企业自有品牌的发展。

5. 加强农产品区域公用品牌的管理

农产品区域公用品牌管理应该从以下两个方面着手：

一是进行农产品区域公用品牌的商标注册，申请原产地域产品保护。通过注册使区域公用品牌具有合法身份并受到法律的保护。企业品牌由企业自定，为获得法律保护，通常需要到工商管理部门申请商标注册。区域公用品牌可以由区域内部的组织自定，为了获得国家有关部门的认可和法律保护，也需要申请商标注册。

农产品区域公用品牌不能注册为普通商标，只能用集体商标和证明商标两种形式来表现。通过商标的命名，进而注册不同的商标，这是对知识产权的保护。例如巴彦淖尔打造的“天赋河套”区域公用品牌，由巴彦淖尔市农牧业产业化龙头企业协会向国家知识产权局商标局提交区域公共品牌集体商标注册申请。随后，巴彦淖尔市政府致函商标局请求加快审查核准“天赋河套”商标注册申请。

二是建立农产品区域公用品牌的使用许可制度，打击农产品区域公用品牌的假冒伪劣行为，防止“柠檬市场”现象的产生。凡需要使用农产品区域公用品牌的农业生产经营者，都必须向农产品区域公用品牌的运营管理者提出申请，经过对申请者的产品进行质量检测认证后，只有符合农产品区域公用品牌生产、加工、物流和销售标准的合格者方可使用该农产品区域公用品牌。

农产品区域公用品牌标准化建设路径

在农产品区域公用品牌建设的过程中，为防止品牌经济遭受损失，通常需要基于当地特色农产品设计相应的品牌商标，对品牌商标注册进行有效的保护，从而确保农产品区域公用品牌从公共品牌逐渐朝独立品牌的方向发展。

1. 构建农产品区域公用品牌的标准体系

专家认为，构建农产品区域公用品牌的标准体系主要包括三个方面的内容：

（1）农产品区域公用品牌各类标准。

农产品区域公用品牌需要以生产、加工、流通和营销全产业链为对象，科学构建农产品区域公用品牌的标准体系，主要包括技术标准化体系、质量标准化体系和运营管理标准化体系。具体来说，在不同类别的农产品种植养殖生产环节建立技术标准化体系；在生产、加工、成品验收、流通等各环节建立全程质量标准化体系；在农产品区域公用品牌形成、传播与发展的各阶段建立运营管理标准化体系。以前述三大基本标准化体系为框架，不同农产品区域公用品牌结合地方产业实际、产品特色，建立健全农产品区域公用品牌标准体系。

（2）农产品区域公用品牌标准体系内容。

农产品区域公用品牌标准体系建立后，接下来需要完善农产品区域公用品牌标准体系的内容。

以农产品区域公用品牌"西湖龙井"为例。《"西湖龙井"地理标志证明商标使用管理规则》规定，使用"西湖龙井"地理标志证明商标的商品，必须选用龙井长叶和龙井43等从龙井群体种中选育并经审定的适制西湖龙井茶的茶树良种。每批采摘茶鲜叶要求达到"嫩、匀、净、鲜"四字要求；采摘每批茶鲜叶要求做到"三不采"（不采紫色芽叶、不采病虫芽叶、不采碎），"四不带"（不带老叶、不带老梗、不带什物、不带夹蒂）。西湖龙井茶加工工艺流程有"十道工序"：鲜叶摊放→摊放叶分筛→青锅→回潮→二青叶分筛→辉锅→干茶分筛→复辉（挺长头）→复筛归堆→贮藏。十道工序相辅相成，摊放是前提，青锅是基础，辉锅是关键。西湖龙井茶炒制采用抓、抖、搭、拓、捺、推、扣、甩、磨、压等十大手法，这些手法在炒制时根据实际情况交替使用、有机配合，做到动作到位，茶不离锅，手不离茶。要求保持茶叶的颜色翠绿、香味醇高和外形美观。

（3）注重内外部标准的协调一致和有效衔接。

依据不同类别的农产品区域公用品牌特征，构建内外部标准的协调一致和有效衔接，构建种植养殖环节、初深加工、包装、成品验收以及仓储、运输、营销各环节的标准体系。同时，各标准体系之间要注意标准无缝衔接、信息有效对接。

总的来说，针对我国现有的农业领域各类标准，结合农产品区域公用品牌标准化基本框架，在科学方法指导下重点建立健全生产、流通与销售等各环节的标准，再由政府部门统一制定并颁布实施农产品区域公用品牌各类标准。

2. 积极培养和引进农产品区域公用品牌标准化建设的人才

（1）通过多种形式引进农产品区域公用品牌标准化建设高端人才。

对农业技术专家、质量管理专家、标准化研究者、营销专家、品牌管理专家等农产品区域公用品牌标准化建设的相关人才，政府可以采取公开招聘、高薪聘用、兼职等多种方式，组建农产品区域公用品牌建设智囊团队，为地方农产品区域公用品牌标准化建设出谋划策。

（2）为农产品区域公用品牌建设主体提供全方位的标准化培训。

农产品区域公用品牌建设单靠某一方面的力量是不可能成功的，需要地方政府、协会组织、农业产业化龙头企业、农民合作社、农户等发挥各自优势，形成巨大合力，共同建设，共享收益。现实情况是，我国农业在品牌建设方面基础比较差，多数农户、企业对农产品区域公用品牌建设的意义和重要性理解不深，对农产品区域公用品牌标准化建设了解不多。为了更好地推进农产品区域公用品牌的标准化建设，需要对农户、专业大户、家庭农场、农民合作社、农业产业化龙头企业等进行全方位的标准化培训。

在培训方式上，政府部门要联合科研院所和农业社会化服务组织，采取集中与分散、室内与田间、线上与线下相结合的多种培训方式，并实施长期跟踪式培训与短期集中式培训相结合的综合式培训；在培训内容上，以实操为主，主要包括农产品区域品牌相关知识、各类标准体系（技术、质量和管理标准体系）及操作方式；在培训人员上，重点针对政府相关部门和企业管理人员、技术人员及广大种植养殖户进行分层次培训。

农产品区域公用品牌推广

品牌推广是农产品区域公用品牌建设的重要环节，通过整合品牌传播方式，加快品牌建设进度，提高品牌的竞争力，可以促使消费者最终做出购买决定，从而实现品牌价值。

农产品区域公用品牌属于区域集体，因此在整合品牌传播上具有独一无二的区域性优势。农产品广告投放与消费者反应调研结果显示，69.1% 消费者认为印象最深的是产地广告，而对广告来源可信度最高的是政府和产业协会，这就奠定了农产品区域公用品牌相较于一般农产品品牌具有先天的传播优势。

1. 品牌定位是农产品区域公用品牌推广的前提

专家指出，在大众化消费时代，企业品牌管理追求的主要是品牌知名度，只要有了知名度就能取得成功，特别是在中国市场环境下。因为企业的产品都差不多，消费者看谁知名度高就买谁的，而在小众（分众）化消费时代，企业品牌管理追求的是品牌忠诚度，只有将某个特定的消费群体牢牢地吸引住，让他们有归属感，体验到正是这个品牌代表了消费者自己，营销才能取得成功。

创建农产品品牌必须有明确的定位，即必须有明确的目标客户群概念，建立只为部分人服务的理念。对于农产品生产经营者来说，其产品并不是要卖给所有的消费者，而是有着明确的目标消费群体，即仅限于本企业所选定的目标客户（需要提供服务的那部分小众）。因此，农产品生产者要认真研究目标客户的特点和深层次需求，重点是根据目标客户的现实需求和潜在需求，有针对性地研发生产自己的农产品，与其他的农产品形成差异化，经过长期的宣传推广，最终树立与众不同的品牌形象。

创建农产品区域公用品牌也需要有明确的定位。具体来说，如果农产品区域公用品牌定位于高端，目标顾客应该是高收入消费群体，并针对这个消费群体的需求特点，有针对性地选择推广方式，例如专业杂志、高端广告和会展等；如果农产品区域公用品牌定位于中低端，目标顾客就应该是中低收入消费群体，在推广方式上可以采取促销、折扣等。好的推广方式不是它有多新颖或者多受广大消费者欢迎，而是能够成功地与农产品品牌目标定位相契合。所以说，在选择农产品区域公用品牌推广方式时，一定要明确产品的目标人群聚集在哪里，并且有针对性地引导消费。

相对于普通农产品来说，定位高档的农产品品牌价格比较高，其目标对象多为高收入阶层，而这类人通常都有一定的社会影响力，在消费过程中具有榜样和示范的作用，容易形成消费模仿和时尚流行。因此，农产品生产经营者可以通过公共关系、人员推销、免费品尝等方式，让高收入阶层养成消费该品牌产品的习惯，从而带动更多的人模仿和从众消费。具体来说，高端农产品品牌的推广通常包括以下四个方面：

（1）卖关系。由于价格高于普通农产品甚至是普通农产品的数倍，高端农产品早期要进入普通家庭很困难，因此销售对象主要是国企、上市公司的高收入人群。这些单位采购高端农产品主要是用来作为内外部礼品、福利，而个人则是为了提高生活水平。在这个阶段，农产品拼的不是产品质量，而是与决策权人的关系。

（2）卖知识。近年来，食品安全事故频发引起公众恐慌情绪，一部分高收入消费人群为了食品安全愿意支付比普通农产品更高的价格。这个阶段农产品生产经营者可以通过健康及食品安全知识讲座、高端论坛和研讨会等方式来提高农产品的知名度。

（3）卖基地。随着互联网的兴起，消费者很容易获取食品安全和健康知识，同时愿意支付更高价格购买高端农产品，这个阶段农产品生产经营者拼的是终端，即谁能低成本、快速连接大量终端顾客并与之建立起长期关系，谁就能赢得市场。

（4）卖庄园。一方面，原生态的自然环境、特色农产品和乡村文化对于消费者，尤其是生活和环境压力大的城市消费者来说具有很大的诱惑力；另一方面，卖庄园会衍生出类地产、类旅游、类养老等多种形态，可以组合出“旅游 + 体验”“旅游 + 采摘”“旅游 + 文化 + 采摘”“旅游 + 养老”等多种模式，从而吸引城市人群到乡村旅游、体验、休闲、观光、采摘等，借此机会可以推广高端农产品品牌。

2. 重视农产品区域公用品牌的营销推广

如果没有相应的营销推广活动，农产品区域公用品牌将无法建立。与“酒香不怕巷子深”相对应的是“酒香也怕巷子深”，后者是当前市场营销学中流行的说法，指即使是好品质的产品也需要借助营销进行推广。如果产品不主动宣传推广，只是一味地等待消费者上门，时间长了，就会遭遇“藏在深闺人未识”的命运。

来看一个大众熟知的故事。1915 年，中国茅台酒在美国费城举办的世博会上获得金奖，但事实是一开始茅台酒在世界上没有知名度，根本不被人注意。当时中国展销商为了引起参观者对茅台酒的注意，灵机一动，故意打碎酒瓶。结果芳香四溢的茅台酒立刻引得人们纷纷前来品尝，由此茅台在世博会上一举成名。酒香本身会说话，而“打碎酒瓶”这一动作恰恰是最关键的自我推销方式。

又如，江苏溧水“无想田园”是全省首个县级区域公共品牌，通过入驻超市、举办社区行等活动，年销售额突破 10 亿元；南京市六合区“多彩竹镇”是全市首个镇级区域公共品牌，通过与本地的体育赛事、文化旅游节等活动融合，有了很高的知名度。

在各种营销活动中，广告是最为重要的活动之一，它与促销活动占据企业营销预算的绝大部分。利用广告来提高品牌知名度，加强消费者的品牌意识，是广告主投放广告的目的之一。除了广告，其他营销活动（如产品展示）也有助于提高品牌知名度。

3. 利用地域历史文化资源，强化农产品区域品牌形象

我国地域辽阔，自然资源丰富，历史悠久，每一个地方都有其独特的资源禀赋、历史文化和精神财富，包括文化遗产、名胜古迹、故事传奇、民俗风情等。地域所拥有的历史文化积淀是乡村的宝贵资源。具体到农产品区域公用品牌的创建，要强调原产地，将地域深厚的历史文化与农产品区域公用品牌结合起来，使地域文化精神财富成功地转移到品牌上，既深化了品牌的内涵，又提升了品牌的价值。例如西湖龙井、火山村小米等，背后都有广为流传的神奇故事。

4. 统一品牌进行市场竞争

我国农村 98% 以上的农户都是分散的，很难形成合力，因此，需要将广大分散的农户集中起来，形成一个利益共同体抱团发展：一是共同抵抗行业和市场风险，二是消除恶性竞争以减少不必要的内耗。实践证明，以利益共同体或农业产业化龙头企业为主导，进行统一的生产、加工、包装、物流、销售，以统一的标准保证农产品的质量，以统一的品牌宣传推广农产品和参与市场竞争，可以大大增强农产品的话语权，提升农产品的品牌价值，增加广大农民的收入。

就农产品区域公用品牌而言，我国农产品区域公用品牌存在建设形式大于内涵，缺乏规范管理和法律保护等问题，大多停留在卖产品的初级阶段，对于品牌的理念、文化，品牌的延伸等缺少深度考虑和长远规划。因此，政府应该采取有力措施，统一品牌进行市场竞争。具体来说，可以采取“六统一”管理模式，即统一对外宣传、统一商标使用、统一质量标准、统一生产技术、统一产品包装和统一指导价格。同时，整合公共资源，扩大农产品区域公用品牌销售渠道，深入挖掘蕴涵在传统品牌中的历史文化元素，实现资源价值最大化。

下面介绍辽宁省朝阳市农产品区域公用品牌建设案例。

【案例 6-3】

2015 年，辽宁省朝阳市确定农产品区域公用品牌建设总体目标为：紧紧围绕打造区域公用品牌“朝阳蔬菜”“朝阳小米”整体形象，以创塑品牌、提升品质、强化加工、渠道建设、产业融合、品牌管理及传播推广为战略发展路径，加大品牌宣传和推广力度，加快推进品牌化与产业化、市场化、规模化、标准化融合发展，加强品牌保护管理与营销展销，不断提升农产品质量、效益和竞争力。到 2020 年，力争将朝阳市建设成为京津冀及东北城市群两大经济圈绿色、优质、稳定的蔬菜生产供应基地和“小米王国”，区域公用品牌“朝阳蔬菜”“朝阳小米”价值分别达到 50 亿元和 20 亿元，成为国内知名农产品区域公用品牌。

辽宁省朝阳市农产品区域公用品牌建设的基本原则：一是坚持政府主导。充分发挥政府在推进农产品区域公用品牌建设中的主导作用，各相关部门协同配合、各司其职，加强政策扶持，创造有利于培育和发展农产品区域公用品牌的社会环境。二是坚持企业主体。提高企业品牌意识，强化企业在农产品区域公用品牌建设中的主体作用，提升企业创牌内生动力和辐射带动能力，大力开拓域内外市场。三是坚持市场运作。组建朝阳农垦有限公司，坚持“政府引导、企业主体、市场化运作”，积极开展中、高端品牌产品研发，提升朝阳蔬菜、朝阳小米的知名度和影响力。四是坚持品质至上。加强示范基地建设，完善农产品质量安全追溯体系，严格执行绿色安全生产技术标准，不断巩固和提升农产品区域公用品牌产品的质量。

再以山西武乡小米为例进行介绍。

【案例 6–4】

小米是山西省长治市武乡县特产，“武乡小米”是国家农产品地理标志产品。近年来，武乡县以提升武乡地域品牌，创建绿色生态有机小米基地、打造全国首款顶级健康小米品牌为目标，精准制定了武乡小米品牌化发展战略，组建了武乡小米推广团队，积极参加各类农产品展销会、对接会，召开武乡小米品牌发布会，宣传推广武乡小米。挂职“小米县长”张志鹏为武乡小米代言，武乡小米在网络销售过程中，前期提出“小米加步枪，好米在武乡”的宣传口号，借助耳熟能详的宣传语快速提升武乡小米的知名度；后期提炼出“大米看五常，小米看武乡”的宣传口号，为武乡小米的网络市场占有率奠定了良好的基础，武乡小米逐渐得到了广大消费者的认可。全县通过“公司 + 基地 + 农户”“合作社 + 农户”等模式带动农户标准化种植，带领米农脱贫致富。

农产品区域公用品牌建设须发挥各方力量

一般而言，农产品区域公用品牌的建设和推广有赖于本地特色农产品的产业基础雄厚程度，有赖于当地农业产业化龙头企业的实力和意愿，更有赖于当地政府对农产品区域公用品牌建设的支持力度。

农产品区域公用品牌建设要利用独特的产品优势、自然资源优势和地理环境优势，地方政府、协会组织、企业与农民等密切合作，共同打造具有特色的农产品区域公用品牌，提升区域形象，加快农业发展，提高农民收入水平。

1. 政府在农产品区域公用品牌建设中的独特作用

在农产品区域公用品牌创建过程中，政府部门一定要扮演好自己的角色并充分发挥自己的作用。农产品区域公用品牌建设是一个系统工程，需要长时间的积累和不断的资金投入，政府的作用明显。

农产品区域公用品牌具有公共性特征，在品牌建设上需要政府发挥作用。政府要牵头建立健全农产品区域公用品牌建设机制，明确发展方向和扶持范围，引导农产品生产经营者强化品牌意识，不断提升品牌内涵，积极推广农产品区域公用品牌。具体来说，政府在农产品区域公用品牌建设和推广中有着独特的作用：一是教育、引导行业协会、农业产业化龙头企业、农民专业合作社、农户等农产品区域公用品牌建设者，提高其品牌意识和建设推广能力（政府部门是农产品区域公用品牌的制定者、引导者，而不是品牌战术的实施者，农产品区域公用品牌所在地的农业企业，尤其是大中型农业企业才是品牌建设的主体）；二是通过制定激励政策和设立引导资金，扶持农产品区域公用品牌（母品牌）以及实力较强的企业产品品牌（子品牌），形成影响力大的特色农产品产业集群；三是建立农产品区域公用品牌创新平台，提供人才、技术、资金、信息等方面的综合服务，整合区域资源，不断提高农产品区域公用品牌的影响力；四是调整产业结构，优化产业布局，并制定有效的市场监管机制，为区域母品牌以及产品子品牌的发展创造良好的环境。

以农产品区域公用品牌“天生云阳”为例。2017 年，重庆市云阳县财政从涉农整合资金中安排了 1500 万元专项资金，打造农产品区域公用品牌“天生云阳”，这对一个贫困县来说实属不易。为维护品牌信誉和保障消费者利益，云阳县还与保险公司合作，为天生云阳农产品量身打造了产品质量保险，对于申请使用“天生云阳”品牌并实行产品质量保险的企业，由政府给予保费补贴。根据企业全年销售额来设计保费，进入的产品最低保额为 300 万元，“天生云阳”品牌旗下的 25 个产品总保额达 2 亿元。

2. 发挥农产品行业协会监管作用

作为农产品行业协会，应做好农产品区域公用品牌的维护和监管工作：一是制定区域公用品牌的生产标准、质量标准和运营标准，农产品区域公用品牌使用者应严格按照标准生产经营；二是对合格的农产品企业，授权其使用农产品区域公用品牌；三是与科研单位或质检部门开展紧密合作，建立质量检测中心为会员企业提供质检服务；四是建立农产品质量追踪系统，严厉惩罚假冒伪劣行为，以维护农产品区域公用品牌的公信力。

3. 委托专业团队运营农产品区域公用品牌

专业人干专业的事。农产品区域公用品牌建设必须充分发挥专业机构的力量，这就需要将品牌培育和推广等专业的事情交由专业的团队来完成。在农产品区域公用品牌的建设过程中，地方政府通常委托专业的运营团队针对当地的资源禀赋、人文环境、产业优势、农特产品、包装加工、物流营销等进行品牌的精准定位，并深挖产品内涵，做好顶层设计，制定农产品区域公用品牌的发展目标、任务、规划、线路图和保障措施等。例如国家电子商务进农村综合示范县建设要求，建立专业团队为农产品、民俗产品、乡村旅游等农村特色产品网络销售，提供品牌注册、品牌培育、分拣、包装、检测、网络营销策划、网站托管等增值服务。

品牌的建设离不开内外价值的创造者和运营者的共同努力，政府需要尊重市场规律，将运营权委托给专业团队，让各方与品牌共成长并共享品牌带来的附加值和收益。否则，农产品区域公用品牌将得不到培育，逐渐失去其价值。

以农产品区域公用品牌“天生云阳”运营管理为例。云阳县采取“行政管理＋专业公司”相结合的运营方式，由行业部门加强行政管理，严肃查处违法违规行为。品牌宣传、营销、推广、维护等具体工作，则由专业公司负责。

【案例 6-5】

地处重庆市东北部、长江三峡腹地的云阳县，是秦巴山区集中连片贫困地区的国家扶贫开发工作重点县，也是重庆人口大县和农业大县。县内农产品品种丰富、品质优良。2017 年全县获批“三品一标”农产品 138 个、市级名牌农产品 16 个、地理标志证明商标 5 个。

从 2015 年 10 月起，云阳县择优选取县域内多种优质农产品，打包创建农产品区域公用品牌“天生云阳”。云阳县政府邀请专业团队深入企业、基地进行实地调研，反复论证，最终决定创立农产品区域公用品牌“天生云阳”，目的就是依靠一个价值清晰、形象统一、资源整合的云阳农产品区域公用品牌，将云阳多项优质农特资源整合在一起，抱团合力打拼市场。

在打造农产品区域公用品牌“天生云阳”的过程中，结合云阳县农产品的生态特征、产业概况、文脉基础等，深入挖掘云阳县农产品区域公用品牌的品牌价值，全新创意品牌名称、品牌口号，重塑品牌形象。以“天生”这一原生、纯正、淳朴内涵的意象表征，象征云阳县的环境天生优异、云阳县的农物天生优质和遵循自然法则。以“万里长江，天生云阳”作为品牌口号，象征云阳县农产品的天生品质也是源自其处于长江三峡腹地的自然环境。

2017年2月，“天生云阳”商标成功通过国家工商总局注册，这是继“七彩云南”“好客山东”之后，全国又一个以地域名命名的商标，标志着重庆市首个全产业、全门类、全品种的农产品区域公用品牌正式面世。同时，云阳县以农产品区域公用品牌与企业品牌结合形成“母子”品牌的模式合力开拓市场。

“天生云阳”品牌承诺“天生云阳不卖假货”，为此，云阳县制定了严格的准入标准，申请使用“天生云阳”品牌的产品必须在产品产地、产品质量认证、质量溯源、质量保险、品牌包装等方面符合要求。所有“天生云阳”产品都将贴上独一无二的二维码“身份证”，消费者只需通过手机扫描二维码就能了解到该产品的“出身”和各项检测指标。“天生云阳”使用统一的品牌包装形象体系，各使用单位须严格按相关要求印制和添加自有品牌及企业信息。

“天生云阳”品牌首批授权使用的25家企业的产品附加值均得到10%～20%的提升，产品销售渠道也得到很大拓宽，仅电子商务渠道就给“天生云阳”产品带来了10%～30%的额外销量，基本实现了云阳农产品“抱团闯市场”的目标。

4. 农产品区域公用品牌建设需要借助社区力量

农产品区域公用品牌要瞄准社区终端市场，构建社区支持农业系统。

随着我国经济社会的快速发展和城镇化的快速推进，已经形成了一种社区化的生活方式。社区超市、社区果蔬店都是直接面对消费者的终端渠道，且相比其他销售渠道来说更具便捷性。“社区支持农业”是将农业生产与社区居民需要直接挂钩，让农业生产经营者与消费者互相支持，以及承担农业生产的风险和分享利益的机制。农产品区域公用品牌在政府平台力量的助推下，抱团进入社区，越过了多级中间商，实现了精准营销，以及与消费者的互惠互利。

农产品区域公用品牌建设亟待解决的几个问题

调研发现，目前各个地方正积极建设与推广农产品区域公用品牌，但实践中还存在许多亟待改进的地方，部分地方虽然比较重视农产品区域公用品牌的建设，但实际推广的力度不大，效果并不理想。

1. 农产品区域公用品牌遭遇造假困扰

实践中，农产品区域公用品牌常常遭遇造假困扰。

农产品区域公用品牌产品具有强烈的地域属性，它是依托于当地特殊的自然环境、气候和人文因素产生的，因其独特的营养功能受到广大消费者的青睐。然而，农产品区域公用品牌无法抵挡市场上仿冒造假产品的伤害。

以黑龙江省农产品区域公用品牌“五常大米”为例。近年来，五常大米屡屡曝出造假消息。业内人士估算，黑龙江省五常大米年产量至多105万吨，但全国市场上标售的“五常大米”至少有1000万吨，这意味着市场上90%的“五常大米”都是掺假的。评论指出，“五常大米”之乱，既说明了我国大米产业品牌保护和监管困境，也体现了大米生产和销售环节所衍生的灰色利益链的野蛮生长。

2. 农产品区域公用品牌遭遇“泛用”和“滥用”

目前，我国各地政府对申报、推广农产品区域公用品牌，推广地方特色农产品，打造地方特色产业和发展地方经济比较重视，但对农产品区域公用品牌的授权、监督、管理比较滞后，相应的监管机制与退出机制还没有普遍建立起来，因此出现了农产品区域公用品牌“泛用”和未经授权生产经营单位“滥用”等问题，影响了农产品区域公用品牌的美誉度。这种“劣币驱逐良币”的现象在很大程度上影响了我国农产品区域公用品牌的推进和发展。

3. 农产品区域公用品牌遭遇“公地悲剧”

有人把区域公用品牌形象地比喻为“伞”，企业品牌可以受到“伞”的庇护。然而，在各方大力推广农产品区域公用品牌的大背景下，不少农产品生产经营者宁愿躺在庇护伞下“睡大觉”，也不愿出力打造企业品牌。一个典型的例子是西湖龙井：一方面，确实有不少企业一直在积极塑造企业品牌；另一方面，很多企业选择靠着农产品区域公用品牌这棵大树“躺着赚钱”。这些企业对于农产品区域公用品牌几乎没有什么贡献，只是一味索取，最后农产品区域公用品牌价值下降，企业品牌又没能建立起来，这种困境一度影响了西湖龙井整条产业链。

经济学上有一个概念叫“公地悲剧”，是由美国学者加勒特·哈丁教授于1968年提出的：设想有一块草地，每年生产一定数量的牧草，在不受任何制度约束的前提下，所有牧羊人都倾向于过度放牧以扩大自己的收益，而不考虑别人和集体的利益，结果牧场会由于过度放牧而退化、毁坏，羊群也因无草可吃而饿死，最终所有的牧羊人都一无所获。

当前农产品区域公用品牌就面临这样的情况：品牌使用缺乏准入管理和退出机制，品牌培育和品牌维护过度依赖政府，企业不愿意为农产品区域公用品牌做贡献，人人可用，却无人维护。这对于农产品区域公用品牌的发展不利，同时企业自身也难做大。

那么，如何避免农产品区域公用品牌的“公地悲剧”呢？

首先，统一对外口径。区域内的农产品由相应的组织统一对外销售，将所有农产品生产经营者都捆绑成为利益共同体，进行品牌的统一管理、统一宣传、统一维护，做到“只有一个出口”，这样就能有效避免内部竞争，减少各类以次充好、假冒伪劣的行为出现。

其次，将农产品区域公用品牌的所有权、管理权、收益权和使用权进行分离。具体来说，所有权归政府或者行业协会，政府授权相应的组织或单位（很多地方政府成立专门的品牌资产运营公司）进行品牌运营管理，提升品牌价值。由品牌运营单位向区域内的农产品生产经营者授权，符合产品标准的主体可以使用农产品区域公用品牌。获得授权的农产品生产经营者需要缴纳相应的费用，用于品牌维护和品牌推广。而品牌价值提升所带来的利益，最终由当地农产品生产经营者享有。

山东农产品区域公用品牌“胶州大白菜”是避免“公地悲剧”的一个成功例子。“胶州大白菜”这一农产品区域公用品牌由胶州市大白菜协会负责培育和管理，实行“生产基地认证制，产品质量追溯制”的管理模式，只有经过协会认定、由授权农户组织生产的大白菜才能加贴“胶州大白菜”标识，否则只能按照“胶州的大白菜”售卖。在大白菜滞销卖难时，“胶州大白菜”的市场售价一直保持在每棵30元的高位，

"胶州的大白菜"则只能卖到每斤几毛钱。

最后，要调动农产品生产经营企业和社会组织参与农产品区域公用品牌推广的积极性，鼓励农产品生产经营企业，尤其是农业产业化龙头企业在全国各大媒体及电子网络平台上对农产品区域公用品牌进行大力宣传，积极推广农产品区域公用品牌。例如，安化黑茶主要依赖几家龙头企业进行品牌推广，成为中国名茶。还要积极倡导或鼓励农民专业合作社、农产品行业协会等参与品牌推广，组织成员单位进行品牌交流与落地推广。例如，湖南省澧县的葡萄80%左右是通过社会组织推广的方式进入长沙、武汉、南昌、上海、广州等地的大型综合超市销售的。

农产品区域公用品牌保护机制亟待建立

目前，我国在农产品区域公用品牌建设过程中存在诸多不足，例如农产品质量参差不齐、标准化程度不高甚至假冒伪劣产品充斥市场，这对我国农产品区域公用品牌建设十分不利。

1. 农产品区域公用品牌保护政府的职责

对于农产品区域公用品牌，地方政府承担着重要的保护职责。具体来说，工商、农业、质监等政府部门要加强对农产品区域公用品牌保护工作的分工协调，建立农产品区域公用品牌保护机制、打击假冒伪劣农产品联合应对机制和群众举报投诉服务中心，强化农产品市场监管，依法严厉制裁假冒伪劣农产品、侵犯农产品区域公用品牌权益等违法行为，避免出现"柠檬市场"现象，维护农产品区域公用品牌的形象。

需要指出的是，农产品区域公用品牌的建设、管理与保护不只是政府某个部门的责任，而是包括农业、工商、质检、商务、文化、旅游等多部门在内的整体责任，包含了农产品生产、商标注册、质量检测、对外宣传、文化旅游等各个环节，应当整合各部门力量，打通政府部门区隔。

以四川农产品区域公用品牌“资中血橙”为例。政府严格管理资中血橙的质量，例如生产过程中施多少肥、怎么修剪果树等，每天任务单上都写得清清楚楚。资中血橙采摘时间经过专业部门和机构科学分析后，由资中县政府发文明确资中血橙的采摘时间为每年的 1 月 1 日，确保优质的资中血橙到达消费者手中能有最完美的品质。同时，地方政府从多个维度进行市场管理，对假冒或不按照管理规范进入市场的资中血橙严厉打假，有力地确保了市场的规范程度，塑造了资中血橙的形象，也使资中血橙得到了广大消费者的认可。

2. 构建农产品区域公用品牌标准的监督机制

保护农产品区域公用品牌，需要构建品牌标准的监督机制：要加强标准的执行与监督，要以政府部门（具有公信力和权威作用、监督技术优势）为主导，辅以第三方权威机构协助，加大标准的执行力度。同时，还要实施农产品区域品牌标准的严格执行流程，并不定期开展效果评价。

3. 建立农产品区域公用品牌知识产权保护制度

农产品区域公用品牌属于知识产权范畴，因此，要健全农产品区域公用品牌知识产权保护制度，积极开展证明商标、集体商标注册和地理标志保护。还要注重产地认证，防止特定区域外的农产品滥用区域公用品牌，从而保持该品牌所特有的区域优势。

知识产权主管部门和相关主体要加强对农产品区域公用品牌的知识产权宣传和推广，定期开展品牌建设、品牌培育和品牌保护等方面的专门知识培训，使农产品区域公用品牌使用主体认识到农产品区域公用品牌滥用、假冒等行为带来的严重后果，进而提高他们的品牌意识和法制意识，共同保护农产品区域公用品牌的形象，维护自身的权益。

4. 建立农产品区域公用品牌危机管理机制

农产品区域公用品牌具有公共性和公用性，具有“一荣俱荣、一损俱损”的特点，如果农产品尤其是全区域、全品类、全产业链的区域公用品牌下的农产品发生食品安全事故，则会产生“株连效应”，使得消费者对农产品区域公用品牌下的其他农产品质量都会产生怀疑，与该区域公用品牌有关的所有农产品都会受到影响。例如，某知名农产品区域公用品牌，此前由于一些不良商家的违规操作，使得区域相关农产品遭遇“封杀、超市撤柜、禁止出口”，许多没有质量问题的农产品也受到“株连”，经济损失很大。更重要的是，农产品区域公用品牌名誉一旦受到影响，短期之内要想挽回名誉和损失几乎不可能。

因此，政府和协会组织应建立农产品区域公用品牌危机管理机制，成立品牌危机处理领导小组，编制应急预案，建立品牌危机预警机制和应对机制等制度。一旦发生食品安全事故，危机处理领导小组应立即采取措施控制事态发展，及时召回有问题的农产品等。同时处理好与新闻媒体、专家、社会公众等关系，不推卸责任，认真诚恳地解决问题，努力将危机对于品牌造成的负面效应降到最低。最后，还要采取各种积极的措施，尽快恢复农产品区域公用品牌的声誉，转危为机。

“丽水山耕”农产品区域公用品牌建设

创建农产品区域公用品牌，既需要投入大量的资金、时间和精力，又需要专业的品牌策划、营销和管理人才，这对于大多数中小农业企业来说困难很大。“靠弱小的单个主体去打响品牌实在是太难了，人力、财力、物力，样样都缺。”因此，浙江省丽水市政府邀请专业团队创建了一个覆盖全市域、全品类、全产业链的农产品区域公用品牌“丽水山耕”，构建起一套“母子品牌”运行模式，实行农业企业子品牌严格准入和农产品溯源监管。

2014 年 9 月，“丽水山耕”品牌正式创立，这是浙江省丽水市委市政府为践行“绿水青山就是金山银山”发展理念而打造的覆盖全区域、全品类、全产业链的全国首个地级市农产品区域公用品牌。丽水山耕分别与县及以下各区域范畴的农产品区域公用品牌、企业品牌等构成母子品牌关系，形成金字塔结构体系。

具体来说，以“丽水山耕”为丽水市农产品区域公用母品牌，一是吸纳丽水市下属县及以下区域子品牌，扶持各区县已有的农产品区域公用品牌发展；二是吸纳丽水市区域内生产商品牌、经销商品牌等企业品牌，带动企业发展并借助经销商拓展销售，共同形成“丽水山耕＋县域品牌＋企业品牌”的母子品牌矩阵，在渠道、媒介、宣传、推广、采购、物流、扶持政策等方面实现资源共享，提升子品牌产品溢价，从而整体推动丽水市特色农业快速发展。

1.“丽水山耕”品牌的目标消费者定位和运作方式

农产品区域公用品牌需要有明确的目标消费者定位。“丽水山耕”

品牌的目标消费者是具有较高健康认知和收入水平的都市白领，而其中的核心消费人群为关注食品安全、关爱家人健康、注重生活品质并具有一定知识水平和消费话语权的知性女性。

在运作方式上，“丽水山耕”品牌为政府所有并由丽水市生态农业协会注册“丽水山耕”商标，政府委托国有独资的丽水市农业投资发展有限公司运营。

2. 不断强化“丽水山耕”品牌农产品质量监管

农产品区域公用品牌需要建立严格的农产品质量标准体系。为此，丽水市政府发布了《丽水山耕加工食品管理规范》《丽水山耕食用畜牧产品管理规范》《丽水山耕食用种植产品管理规范》《丽水山耕食用淡水产品管理规范》四大标准。同时，建立了农产品产地准出和市场准入机制，对合作使用“丽水山耕”品牌的主体实施动态监测，不断强化“丽水山耕”品牌农产品的质量监管。

发展现代农业需要建立农产品质量安全追溯体系，实现从农资来源到种植养殖、病虫防治、免疫、采收、加工、物流等各个环节的全过程追溯。企业采用农产品质量安全追溯系统是被政府授权使用“丽水山耕”农产品区域公用品牌的前提，即企业生产的每一份“丽水山耕”品牌农产品都要贴上质量安全追溯二维码，消费者通过扫描二维码就可以了解到产品的生产流程及各种质检报告等资料，这大大地增加了消费者对“丽水山耕”农产品质量安全的信任度。

3. 开展“丽水山耕”品牌标准认证

“丽水山耕”品牌已经国家认监委批准，同意借鉴国际通行做法、以第三方认证的模式推进规范化管理，成为全国首个开展认证工作的农产品区域公用品牌。现已初步建立以“A标（通用标准）+B标（产品标准）”为主要内容的品牌标准体系，并通过国际认证联盟的认证。

4. 完善品牌营销体系，提升“丽水山耕”品牌农产品知名度

“丽水山耕”品牌现已形成电商、店商、微商“三商融合”的营销体系，整合了线下线上营销、商超营销、社区营销等多种形式。利用丽水生态精品农博会、浙江省农博会、浙江（上海）名特优新农产品交易会、中国国际旅游地商品博览会、义乌森博会等大型展会，以及报纸杂志、网站、微博、微信等多种促销手段，全力打造“丽水山耕”品牌，大大提升了“丽水山耕”品牌农产品的知名度。

2017年，浙江省机关后勤经济发展中心与丽水市农业投资发展有限公司共同出资成立浙江畅享生态农业有限公司，并通过其在杭州布局了80多个营销网点。2017年9月，“丽水山耕”旅游地商品（杭州）体验中心暨“丽水山耕”旗舰店及4家社区店同时在杭州开业，进一步加快了“丽水山耕”品牌农产品在杭州、浙江省乃至全国范围内的推广。

5.“丽水山耕”品牌建设成果初现

经过几年的打造，“丽水山耕”品牌建设成果初现。截至2017年底，丽水市新建合作基地1122个，培育“丽水山耕”品牌背书农产品813个，新增参与“丽水山耕”母子品牌运作商标305个。已吸引600家企业加入品牌运作，产品销至北京、上海、深圳等20多个省市，实现“丽水山耕”品牌农产品销售额累计达约67亿元，平均溢价超30%。

“丽水山耕”母子品牌的运作模式作用明显：一方面，帮助一大批中小企业品牌开拓了市场，降低了单个企业参与市场竞争的分散性和风险性，实现了农产品溢价；另一方面，利用“丽水山耕”母品牌的影响力推动了县域和企业子品牌的发展，反过来子品牌的发展也促进了母品牌的价值提升，最终实现了“丽水山耕”母子品牌的共赢。2017 年 10 月，“丽水山耕”被浙江省政府升格为构建国内领先、比肩国际的“浙江制造”农业板块区域公用品牌。

6.“丽水山耕”品牌建设路径

（1）明确“丽水山耕”品牌的核心价值。

要做大做强“丽水山耕”品牌，应明确品牌的核心价值，向消费者提供一个“为什么选丽水山耕品牌农产品而不是选别的品牌农产品”的理由。

随着经济社会的快速发展和人们生活水平的日益提高，消费者越来越追求无污染、绿色健康的原生态农产品。丽水市被誉为“浙江绿谷”，以“绿色”魅力赢得了“中国生态第一市”的金字招牌。各县（市、区）空气质量均达到国家二级标准，生态环境质量公众满意度连续十年居浙江省首位，在 2017 年全省城市地表水环境质量评价中，丽水市排名稳居第一。因此，把“绿色健康原生态”提炼为“丽水山耕”品牌农产品的核心价值，既符合消费者的绿色消费观念，又满足消费者的内心需求，对品牌推广大有裨益。

（2）丰富“丽水山耕”品牌的文化内涵，塑造品牌特色。

人文历史因素在农产品区域公用品牌的建设过程中发挥着重要作用。丽水市政府充分利用当地独特的文化资源优势，在品牌的设计和培育中，强化深厚的农耕文化，以丰富“丽水山耕”品牌的文化内涵，使该品牌农产品区别于其他品牌的农产品，进而实现品牌差异化，塑造品牌的个性特色。

此外，在品牌建设过程中，地方政府挖掘凝练丽水特色农产品发展历史中的传说故事和传奇人物，撰写丽水山耕文化专著，拍摄与“丽水山耕”品牌文化相关的电视剧等文艺作品，开发“丽耕传奇”主题网页游戏，并通过品牌推介、农事节庆活动、农耕文化展示等形式向消费者传播“丽耕传奇”，让消费者了解轩辕黄帝时期的缙云烧饼传说、1100年前惠明和尚开山种茶、880年前吴三公开创世界香菇之源等“丽水山耕”品牌农产品的悠久历史和灿烂文化，获得消费者的情感价值认同，进而提高品牌的知名度、美誉度和忠诚度。

（3）扶持农业产业化龙头企业，促进农业特色产业集群发展。

农业产业化龙头企业对于农产品区域公用品牌的建设起着引领作用。在“丽水山耕”品牌建设过程中，品牌运营公司利用市场调研、品牌影响力和价值评估等手段，从该品牌旗下遴选部分骨干企业予以重点培育，建设一批规模型龙头企业。

此外，加强农业产业化龙头企业、农民专业合作社与农户之间的相互联结，促进龙头骨干企业与丽水山耕合作基地对接，形成“龙头带基地连农户”的农业产业化经营体系。培育和发展农业特色产业集群，形成“龙头农企 + 产业集群 + 农户”的产业发展模式，为“丽水山耕”品牌发展提供有力的产业支撑，实现规模化生产。同时，引导龙头企业与地方高校、科研机构开展产学研合作，提高农业特色产业集群的科技含量，增强“丽水山耕”品牌农产品的深加工能力，从而不断推动该品牌的发展。

（4）打造“丽水山耕”品牌龙头产品，带动和引领其他产品。

成功的全区域、全品类、全产业链农产品区域公用品牌大部分是通过某种强势的特色单品来打开品牌建设之路的，即先主打一款产品来吸引大批消费者，再吸引他们购买该品牌的其他类产品。因此，当地致力于打造“丽水山耕”品牌龙头产品，在食用菌、茶叶、竹木、杨梅、茭白等特色优势主导产业中挑选出具有代表性的、市场影响力较大的高质量特色产品，让它们成为代表“丽水山耕”品牌的知名农产品，带动和引领其他产品的发展。

（5）不盲目套用母子品牌模式，适当运用背书品牌模式。

在坚持“丽水山耕”品牌引领的同时，重视庆元香菇、处州白莲、缙云麻鸭、云和雪梨等主导产业的品牌化打造。对于一些本身影响力较大但又不愿意成为丽水山耕子品牌的单产业区域品牌或企业品牌，可以运用“背书品牌模式”，即以单产业区域品牌或企业品牌为主体，“丽水山耕”为其做品牌背书，提高其品质信任和产品溢价，而不是强令成为其母品牌。

附录 6-1

“承德山水”农产品区域公用品牌建设实施方案[1]

一、指导思想

认真践行习近平总书记“绿水青山就是金山银山”的发展理念，以京津冀协同发展战略及精准扶贫、精准脱贫方略为指导，以“生态美、产业兴、百姓富”为目标，立足河北省承德市的生态优势、绿色优势，通过做大做强区域公用品牌“承德山水”，强力推进农业供给侧结构性改革，将承德市生态资源优势转化为生态产业优势，解决农产品价值与市场价格倒挂问题，让生态文明建设成果惠及广大农民群众，加快推进承德市农业农村经济社会实现高质量发展，为建设新时代生态强市、魅力承德做出更大贡献。

二、工作目标

坚持“政府推动、市场运作、企业参与、协调联动”原则，采取规划引领、示范带动、政策保障、合力推进的举措，力争用三年时间，实现品牌培育成效显著，发展格局基本形成，品质管控卓有成效，品牌效应持续显现，产品价值大幅提升，农民收入稳步提高，消费扶贫政策得以落实。阶段性目标确定为：

到 2019 年底，优先引导一批已获得“中国驰名商标”的企业进驻平台。初步构建起农产品区域公用品牌“承德山水”营销、质量标准等

---

[1] 河北省承德市于 2019 年制定了这一实施方案。

体系，完善品牌培育、管理、保护机制，逐步挖掘、培育、创新、传播“承德山水”品牌文化，确保该品牌在京津冀地区具有一定知名度。

到2020年底，引导30家农业领军龙头企业进驻平台。“承德山水”农产品区域公用品牌在京津冀具有较强影响力，并逐步向全国市场辐射，对农产品加工企业和农民增收致富的带动力显著增强，确保带动5万户以上贫困户稳定增收，凸显消费扶贫效果。

到2021年底，力争30家农业领军龙头企业和30家创新成长型企业全部进驻平台。培育有机、绿色等认证企业150家以上、产品250个以上；农产品地理标志产品、地理标志保护产品、地理标志商标达到25个；涉农商标注册总量达到7500个以上。“承德山水”农产品区域公用品牌成为全国高知名度品牌。逐步将“承德山水”区域公用品牌从农产品延伸到文化旅游、天然饮用水等领域。

三、推进措施

为实现工作目标，确保工作落实，实施“1118”工作举措，即组建一个“承德山水”农产品区域公用品牌运营平台；打造一个“承德山水”农产品区域公用品牌；完善一个农业品牌发展规划；构建品牌基地建设、质量标准、安全监管、认证与检验检测、产品追溯、准入退出、品牌营销、知识产权保护八大体系。

（一）组建“承德山水”农产品区域公用品牌运营平台

承德市委、市政府授权供销集团与北京供销社、天津供销社、河北省供销社等合作方共同出资，成立承德山水农产品集团有限公司，组建品牌网络运营平台，负责“承德山水”品牌的许可使用、运营和管理。公司注册资本金5000万元，实行认缴制。承德方主要负责公司的运营和管理。京津冀合作方主要负责向当地政府争取消费扶贫的相关配套措施，提供消费市场信息，促进农超对接，引导“承德山水”品牌农产品在当地的消费。

（二）打造“承德山水”农产品区域公用品牌

承德山水农产品集团有限公司制定《承德市农产品区域公用品牌（商标）使用管理办法》，采取签订许可使用合同、统一宣传标识、不定期监督检查等方式，对“承德山水”品牌许可使用进行全过程规范，保护“承德山水”品牌专用权。

（三）完善农业品牌发展规划

加快落实承德市《关于加快发展品牌农业的实施意见》，进一步整合、完善、优化农业品牌发展的相关规划，实施“承德山水”子品牌培育工程。按照全市统一规划，结合区域实际，各县（市、区）积极培育一批以县区为主体的区域品牌、一批领军企业品牌、一批产品品牌（注册商标品牌），重点加强龙头企业、合作社、家庭农场、种植养殖大户等新型农业经营主体品牌建设。利用子品牌的特色、质量优势提升母品牌的知名度，借助母品牌的影响力拓展子品牌的发展空间，实现母品牌和子品牌良性互动，带动更多质量稳定、具有特色的农产品加入“承德山水”区域公用品牌。

（四）构建八大体系

1. 品牌基地建设体系

立足“一环六带”全域产业布局，加快农业结构调整步伐，集中力量抓好以“五个百万”为重点的产业带项目建设，建设一批规范标准的农产品种养基地。持续深入开展“扶龙行动”，扶持壮大以“双30强企业”为主体的龙头企业，培育壮大品牌创建主体，发挥龙头企业组织化、产业化优势，与农民合作社、家庭农场、种养大户等相联结，与原料基地建设相结合，打造具有较强竞争力的产业化联合体和企业品牌。按照“一县一品”的思路，做大做强六大特产之乡，扶持特色农产品优势区、现代农业产业园等建设，推动资源要素在品牌引领下集聚，积极培育果菜菌、肉薯药等“大而优”的大宗农产品品牌，同时以新型农业经营主体为主要载体，发展地域特色鲜明的“小而美”特色农产品品牌。推进“承德山水”农产品区域公用品牌与基地建设有机结合，实现每个使用“承德山水”品牌的产品都有基地支撑，每个基地都有规范化体系保障。

2. 产品标准体系

积极构建覆盖全类别、全产业链的产品标准体系和覆盖生产经营全过程的管理标准体系。统一规范在生长环境、种植养殖环节、生产加工、贮运操作、包装运输等方面的基本要求，制定完善农业投入品使用、农产品分等分级、产地准出和质量追溯、贮藏运输、包装标识等方面的标准，形成既与国际标准接轨又适合农业产业发展需要的农业标准体系。鼓励使用“承德山水”品牌的龙头企业主导和参与国际、国内先进农产品标准的制定修订。鼓励企业、行业协会、学会积极参与研究制定具有承德鲜明区域特色可量化特征指标的“承德山水”品牌产品标准。鼓励及时将农业科技创新成果转化为标准，不断提升承德市农产品标准话语权，用高标准引领高质量。

3. 安全监管体系

以农业生产基地为主体，开展水质、土壤、空气等项目的产地环境检测，实施耕地质量保护提升和化肥农药减量增效行动，推进秸秆、农膜等农业废弃物回收利用，大力推进畜禽粪污综合治理，减少农业面源污染。全面落实企业农药、兽药、饲料等投入品规范使用、产品自检自查报告、产品标准自我声明和监督、质量安全强制报告、缺陷产品召回等质量保障制度，确保企业质量安全主体责任落实。建立健全从种植养殖、生产加工到平台销售全链条的产品质量监管体系。加强农产品产地环境保护治理，建立产品安全风险分析制度，及时发现消除潜在安全隐患。

4. 认证与检验检测体系

推动使用“承德山水”农产品区域公用品牌的企业开展绿色食品、有机食品、农产品地理标志认证和原产地产品认证、质量安全认证，鼓励龙头企业开展HACCP、ISO 22000等管理体系认证。在“承德山水”品牌具备一定影响力后，探索品牌认证模式，通过认证的权威性提高品牌认可度。发挥市级检验检测机构基础作用，确保抽检产品符合安全要求。引进国家级、省级等权威检验机构对农产品特色优势量化指标进行检验检测，扩大“承德山水”品牌农产品的影响力。

5. 产品追溯体系

加强“承德山水”品牌生产基地农产品质量安全全程可追溯监管，

推行农产品合格证及二维码追溯制度，建立生产记录可存储、产品流向可追踪、储运信息可查询的农产品质量安全追溯体系。依托互联网技术，以农产品质量安全追溯体系、食品安全溯源体系数据为支撑，实现“承德山水”品牌农产品“从田间到餐桌”的全程可追溯。

6. 准入、退出机制

根据“承德山水”农产品区域公用品牌管理办法和质量标准体系，依法建立准入、退出机制，实行准入产品强制检验，加强日常管理，把好品牌准入关。委托专业机构定期对“承德山水”品牌农产品进行全面评估和检验检测，对评估不合格、检验检测不合格、有损“承德山水”品牌声誉和违反“承德山水”区域公用品牌许可使用规则的企业，终止其“承德山水”品牌（商标）许可使用资格。

7. 品牌营销和推广体系

坚持市场化运作，发挥平台主体作用，以消费者认可为目的，延伸品牌生命力，提高品牌影响力。充分利用消费扶贫京津结对帮扶政策，建立京津冀消费扶贫协作机制。组织开展定向直供直销活动，推动北京、天津组织各级各单位优先采购“承德山水”品牌农产品。京、津合作方通过运营平台在其区域内所销售的农产品，可先按其销售净利润给予大额奖励抽成，之后再按运营平台股权比例参与利润分成。

加强“承德山水”品牌全媒体宣传推广，重点聚焦中央及省级媒体以及新兴媒体。制作“承德山水”品牌农产品 PC 端及手机端电商交易平台，入驻第三方电商平台并开设“承德山水”品牌农产品旗舰店。注册“承德山水”官方微信公众号。拍摄“承德山水”品牌专题宣传片，有针对性地在北京、天津等特定区域定期投放，以公益广告形式在央视等中央媒体进行宣传推介。举办“承德山水”品牌农产品展销会、洽谈会、推介会。参加中国（廊坊）农产品交易会、京承及津承农业产业扶贫协作推进会议等产销对接活动，将“承德山水”品牌农产品推向市场。

8. 知识产权保护体系

组织建立企业自我保护、政府依法监管、社会监督和司法维权保障“四位一体”的品牌保护体系，“承德山水”品牌授权企业优先享受相关品牌保护业务培训、维权指导。建立跨区域联合执法机制，依法严厉打击侵害“承德山水”品牌权益的违法行为。

四、强化保障

（一）强化组织领导

成立由市委、市政府主要领导任组长的承德市农产品区域公用品牌建设工作领导小组，研究解决品牌建设过程中的重大问题，推进“承德山水”农产品区域公用品牌建设工作。领导小组各成员单位明确一名分管领导及工作人员具体负责。各成员单位各司其职，各负其责，制定本部门具体工作推进方案，落实好本部门工作任务。市直各有关部门要协调配合，形成支持合力。各县（市、区）、承德高新区管委会、御道口牧场管理区管委会要结合实际建立组织机构，制定相应实施办法和配套政策措施，确保顺利推进。

（二）强化政策保障

将“承德山水”农产品区域公用品牌建设作为京津对口帮扶重要

工作，列入京津冀协作对口支援省级战略，积极争取京津消费扶贫配额支持。结合国家可持续发展议程创新示范区建设，在国家和省级先行先试的政策中，对“承德山水”品牌建设给予政策倾斜。各级各部门要将“承德山水”品牌建设作为重点工作，给予政策支持。积极引进战略投资者，增强资金实力和抗风险能力，提升“承德山水”品牌核心竞争力，推动技术进步和产业升级。

（三）强化资金扶持

制定《扶持“承德山水”农产品区域公用品牌发展政策》。市财政安排专项资金予以支持，专项资金用于“承德山水”农产品区域公用品牌策划、宣传及市场营销、日常监管检测、配套设施投入、培训和服务等工作。优先切块使用好京津对口扶贫支援协作资金，加强与北京、天津对接沟通，完成好年度消费扶贫配额任务。积极整合使用各类涉农资金，助力区域品牌建设，通过贷款贴息、奖励补助等形式，设立1000万元农业产业化专项资金，用于支持农业“双30强”龙头企业进行品牌培育和打造。充分发挥增信基金、农业产业引导基金、财通股权基金的杠杆作用，优先用于支持标准化基地建设，扶持龙头企业发展壮大。

（四）强化宣传引导

以“京津水源地，生态好产品”为“承德山水”农产品区域公用品牌的宣传语，强化宣传舆论引导，营造良好氛围，引导全社会共同关注和参与“承德山水”品牌建设。通过主流媒体、自媒体、农交会、品牌推介会等渠道，开展形式多样、丰富多彩的品牌宣传活动，讲好“承德山水”品牌及其农产品故事，介绍典型经验，提高农产品认知度、美誉度、忠诚度和市场竞争力，将“承德山水”品牌逐步打造成全国生态精品农产品区域品牌，最终有效提升承德生态农业的整体影响力。

（五）强化监督考核

建立“承德山水”农产品区域公用品牌建设绩效评估制度，切实加强对品牌建设的监督和指导，及时研究和解决问题，确保品牌建设顺利进行。将“承德山水”品牌建设工作纳入对承德市各县（市、区）、承德高新区管委会、御道口牧场管理区管委会和市直有关部门“质量强市”工作综合考评内容进行考核评价，推动“承德山水”品牌建设工作落实。

附录 6-2

“苍农一品”农产品区域公用品牌建设实施方案[1]

一、总体要求

（一）指导思想

高举习近平新时代中国特色社会主义思想伟大旗帜，全面贯彻实施乡村振兴战略，深入推进农业品牌振兴，形成“品牌担保品质、优价激励优质”的正向机制，加快推进浙江省苍南县农业品牌化与产业化、市场化、规模化、标准化融合发展，不断提升苍南县农产品质量、效益和竞争力，全力打造苍南县农产品区域公用品牌“苍农一品”整体品牌形象，进一步推动农业供给侧结构性改革，带动农业增效和农民增收。

（二）基本原则

1. 坚持政府主导。充分发挥政府在推进农产品区域公用品牌建设中的主导作用，各相关部门协同配合、各司其职，加强政策扶持，创造有利于培育和发展品牌的社会环境。

2. 坚持企业主体。提高企业品牌意识，强化企业在农产品区域公用品牌建设中的主体作用，提升企业创牌内生动力和辐射带动能力，大力开拓域内外市场。

3. 坚持市场导向。适应市场多样化、个性化、高端化需求，进行有

[1] 浙江省苍南县于 2017 年制定了这一实施方案。

效的品牌定位、形象塑造和传播，大力提升区域公用品牌农产品的市场竞争力。

4. 坚持品质至上。加强区域公用品牌农产品生产基地建设，完善质量安全追溯体系，严格执行绿色安全生产技术标准，不断巩固和提升区域公用品牌产品质量。

（三）任务目标

紧紧围绕打造“苍农一品”农产品区域公用品牌整体形象目标，以创塑品牌、提升品质、拓展渠道、产业融合、品牌管理及传播推广等为战略发展路径，建立起较完善的“苍农一品”品牌建设基础体系、培育体系、营销体系，全县优质农产品实现标准化生产、规模化经营和品牌化营销。力争将苍南县建设成为温州市及长三角地区绿色、优质、稳定的农产品生产供应基地，“苍农一品”品牌农产品成为温州市重要的旅游伴手礼，“苍农一品”品牌价值达 5 亿元以上，苍南县实现由农业产业大县向农业品牌大县的转变。

二、主要内容

（一）明确品牌运营主体

为确保“苍农一品”农产品区域公用品牌的公益性与公共性，同时相对灵活地应对市场变化，结合苍南县实际，经县政府同意，在苍南县旅游投资集团有限公司下新成立一家经营性分公司运营“苍农一品”品牌。公司在县旅游局、县农业局双重指导下开展工作，具体负责“苍农一品”品牌产品组织、物流配送、渠道建设、营销推广等品牌建设事宜，成为连接生产者与消费者、政府与企业的高效桥梁。（责任单位：县农业局、县国资办、县旅游局、县旅投集团。）

（二）健全品牌标准体系

修改、完善、提升粮油、蔬菜、茶叶、水果、水产、林产等生产技术标准和操作规程等地方标准，制定“苍农一品”品牌产品标准化生产示范基地建设标准、产品目录及入选标准，统一设计产品包装、广告、门店装修等方面的风格，做到产品从生产到销售各环节“有标可依”。2018年建成标准化生产示范基地20家，到2020年总数达50家以上。（责任单位：县市场监管局、县农业局、县海洋与渔业局、县林业局。）

（三）强化品牌质量控制

开展农药监管服务示范县创建，进一步加强对农药等农业投入品的监管；结合食用农产品标牌标识的应用，将所有品牌授权使用主体纳入溯源平台管理，实现农产品从生产到进入市场的全程可追溯。强化“三品一标”（目前全国实行“两品一标”，编者注，下同）认证管理，上市品牌农产品“三品”认证比例达100%。加大对品牌农产品的抽检频率，确保上市品牌农产品合格率达到100%。（责任单位：县农业局、县海洋与渔业局、县林业局、县市场监管局。）

（四）拓展品牌营销渠道

充分利用苍南县旅游资源优势，推动农旅结合发展，将“苍农一品”

品牌农产品展销中心（点）作为苍南县各旅游集散中心、A级景区村庄游客服务中心建设的标配，至2019年全县建成该模式的展销中心（点）20个，2020年达到50个以上。开设“苍农一品”专区，县城建成1家品牌旗舰店，每条乡村振兴示范带内建成1个以上展销中心；推动产品进驻温州绿色优质农产品展示体验中心、市行政中心地下商铺和苍南县农贸市场、商超等；扶持发展农产品电子商务，开通天猫、京东、农行微商城、丰收购等线上平台，2019年度“苍农一品”品牌产品线上销售额达500万元以上，2020年度达1000万元以上。（责任单位：县旅游局、县农业局、县市场监管局、县商务局、县旅投集团。）

（五）培育品牌建设主体

围绕主导产业，着力培育、扶持、壮大一批带动力强的农业产业化龙头企业，在产业内发挥领军作用，推广应用“农产品区域公用品牌＋企业品牌＋产品品牌”的母子品牌模式，使农业产业化龙头企业成为“苍农一品”品牌创建的主力军。加强农产品精深加工技术、包装技术等科技研发，引导企业生产特色鲜明、方便携带、营养健康的“苍农一品”品牌定制商品。（责任单位：县农业局、县海洋与渔业局、县林业局、县市场监管局。）

（六）加强品牌宣传推介

在产品包装、生产基地、销售终端、旅游景点、动车站、高速服务区等全面导入品牌形象，摄制品牌宣传视频，投放品牌广告；组织品牌使用主体参加品牌推介会、省市农博会等省内外重要农事展会；加大新媒体传播力度，开通“苍农一品”微信公众号和官方微博，开展“苍农一品”品牌产品摄影展等主题推广活动。（责任单位：县农业局、县旅游局、县海洋与渔业局、县林业局、县旅投集团。）

（七）严格品牌使用管理

完成“苍农一品”商标注册登记，制定《“苍农一品”品牌使用管理办法》，规范商标、包装和宣传物料等使用，对授权使用主体进行动态管理，适时清理和调整。加强流通环节监管，严厉打击假冒伪劣和虚假广告等违法行为，保护“苍农一品”品牌使用主体的合法权益。（责任单位：县农业局、县海洋与渔业局、县林业局、县市场监管局。）

三、保障措施

（一）建立组织协调机制

成立苍南县农产品区域公用品牌建设领导小组，由县政府分管领导任组长，县政府办公室副主任、县旅游局局长、县农业局局长任副组长，县农业局、县旅游局、县林业局、县海洋与渔业局、县市场监管局、县财政局、县商务局、县委宣传部、县广播电视台、县考绩办、县国资办、县旅投集团等单位分管负责人为成员。领导小组下设办公室，办公室设在县农业局，县农业局分管负责人兼任办公室主任，具体承担领导小组日常工作。建立领导小组联席会议制度，协调解决品牌建设过程中存在的困难和问题。

（二）建立考核评价机制

将“苍农一品”农产品区域公用品牌建设工作纳入县政府对各相关单位的考核考评体系，实行定期督查、通报，确保完成各项目标任务。重点任务分解如下：县旅游局、县旅投集团负责做好“苍农一品”品牌产品组织、物流配送体系建设和线上线下销售渠道建设运营等工作；县农业局、县海洋与渔业局、县林业局负责建立品牌标准体系，指导基地建设和农产品质量安全监管等工作；县市场监管局负责加工产品的质量安全监管，做好品牌商标的保护，查处各种违法违规行为等工作，推进“苍农一品”品牌产品进农贸市场；县商务局负责推进“苍农一品”品牌产品进商超，扶持发展农产品电子商务；县财政局负责做好各项经费的保障。

（三）建立政策激励机制

坚持公共财政导向，加大财政支持力度，整合食用农产品标牌标识、现代农业园区等专项资金，优化支出结构，使各级各类农业扶持资金向农产品区域公用品牌建设倾斜，重点支持基地建设、冷链物流、质量溯源、包装应用、宣传推介等方面。对品牌生产经营主体申报其他补贴项目的，同等条件下予以优先安排。积极指导、帮助品牌使用主体向上争取政策扶持。

（四）建立宣传培训机制

充分利用各类新闻媒体及互联网平台，加大苍南县品牌农产品宣传力度，不断扩大市场美誉度和社会影响力。借助省内外重要农产品展示展销会，加强对外交流与合作，努力拓展外部市场的发展空间。采取普惠式轮训与精准式培训相结合的方式，以农业部门管理人员和农业产业化龙头企业、农民合作社、家庭农场等负责人为重点，加大“苍农一品”农产品区域公用品牌的建设培训力度，增强品牌创建意识。

（五）建立监管服务机制

强化对“苍农一品”品牌授权使用主体的监管，建立和完善质量追溯体系。建立“苍农一品”品牌准入和退出机制，实施动态监管，完善品牌危机应对机制，保障品牌良性发展。培育全县“苍农一品”品牌农产品营销企业或经纪人，加快农产品流通。加大新品种、新技术推广力度，引导生产经营主体与高等院校、科研院所实施“高位嫁接”，带动发展科技含量和附加值高的品牌农产品。

“苍南一品”品牌建设任务分解详见表 1。

表 1　苍南县农产品区域公用品牌“苍农一品”建设重点任务分解表

序号	责任单位	任务要求	年度计划		
			2018年	2019年	2020年
1	县农业局	领导“苍农一品”品牌运营主体开展工作。	长期		
		配合粮油、蔬菜、茶叶、水果等生产技术标准和操作规程等地方标准的修改、完善、提升，制定“苍农一品”标准化生产示范基地建设标准、产品目录及入选标准，统一设计产品包装、广告、门店装修等方面的风格。	完成	—	—

续表

序号	责任单位	任务要求	年度计划		
			2018年	2019年	2020年
1	县农业局	建设“苍农一品”粮油、蔬菜、茶叶、水果标准化生产示范基地。	16个	10个	10个
		加强对农药等农业投入品的监管；将所有品牌授权使用主体纳入溯源平台管理；粮油、蔬菜、茶叶、水果等品牌农产品“三品”认证比例达100%；加大对品牌产品的抽检频率，确保上市品牌产品合格率达到100%。	长期		
		培育品牌建设主体，推广应用“母子品牌”，引导开发“苍农一品”品牌新产品。	长期		
		指导乡村振兴示范带内展销中心建设。	长期		
		入驻温州绿色优质农产品展示体验中心和市行政中心地下商铺。	完成	—	—
		组织品牌使用主体参加品牌推介会、省市农博会等省内外重要农事展会。	长期		
		“苍农一品”商标注册登记。	完成	—	—
		牵头品牌授权工作，对使用主体动态管理，适时清理和调整。	长期		
2	县旅游局、县旅投集团	领导“苍农一品”品牌运营主体开展工作。	长期		
		成立经营性分公司，负责运营“苍农一品”品牌。	完成	—	—

续表

<table>
<tr><th rowspan="2">序号</th><th rowspan="2">责任单位</th><th rowspan="2">任务要求</th><th colspan="3">年度计划</th></tr>
<tr><th>2018年</th><th>2019年</th><th>2020年</th></tr>
<tr><td rowspan="6">2</td><td rowspan="6">县旅游局、县旅投集团</td><td>负责“苍农一品”的产品组织、物流配送体系建设。</td><td>完成</td><td>—</td><td>—</td></tr>
<tr><td>县城建成1家“苍农一品”品牌产品旗舰店。</td><td>完成</td><td>—</td><td>—</td></tr>
<tr><td>开通天猫、京东、农行微商城、丰收购等线上平台。</td><td>—</td><td>完成</td><td>—</td></tr>
<tr><td>在旅游集散中心、A级景区村庄游客服务中心建设运营“苍农一品”品牌农产品展销中心（点）。</td><td>3个</td><td>17个</td><td>30个</td></tr>
<tr><td>在旅游景点、动车站、高速服务区、销售终端等全面导入品牌形象，投放品牌广告。</td><td colspan="3">长期</td></tr>
<tr><td>开通“苍农一品”微信公众号和官方微博，开展“苍农一品”品牌产品摄影展等主题推广活动。</td><td colspan="3">长期</td></tr>
<tr><td rowspan="5">3</td><td rowspan="5">县海洋与渔业局</td><td>配合水产养殖生产技术标准和操作规程等地方标准的修改、完善、提升。</td><td colspan="3">长期</td></tr>
<tr><td>建设“苍农一品”品牌水产养殖标准化生产示范基地。</td><td>3个</td><td>1个</td><td>1个</td></tr>
<tr><td>培育品牌建设主体，推广应用“母子品牌”，引导开发“苍农一品”品牌新产品。</td><td colspan="3">长期</td></tr>
<tr><td>加强对品牌授权使用主体的监管，授权海产品“三品”认证比例达100%、抽检合格率达到100%。</td><td colspan="3">长期</td></tr>
<tr><td>配合品牌宣传推广工作。</td><td colspan="3">长期</td></tr>
</table>

续表

序号	责任单位	任务要求	年度计划		
			2018年	2019年	2020年
4	县林业局	配合林产品生产技术标准和操作规程等地方标准的修改、完善、提升。	长期		
		建设“苍农一品”品牌林产品标准化生产示范基地。	1个	1个	1个
		培育品牌建设主体，推广应用“母子品牌”，引导开发“苍农一品”品牌新产品。	长期		
		加强对品牌授权使用主体的监管，授权林产品“三品”认证比例达100%、抽检合格率达到100%。	长期		
		配合品牌宣传推广工作。	长期		
5	县市场监管局	牵头修改、完善、提升粮油、蔬菜、茶叶、水果、水产、林产等生产技术标准和操作规程等地方标准。	长期		
		加强对品牌授权使用主体的监管，授权加工食品抽检合格率达到100%。	长期		
		培育品牌建设主体，推广应用“母子品牌”，引导开发“苍农一品”品牌新产品。	长期		
		负责推进“苍农一品”品牌产品进农贸市场，至2020年每年不少于1个。	1个	1个	1个
		打击假冒伪劣和虚假广告等违法行为，保护“苍农一品”品牌使用主体的合法权益。	长期		

续表

序号	责任单位	任务要求	年度计划		
			2018年	2019年	2020年
6	县商务局	负责推进“苍农一品”品牌农产品进商超，至2020年每年不少于1个。	1个	1个	1个
		扶持发展农产品电子商务，2019年度“苍农一品”品牌农产品线上销售额达500万元以上，2020年度达1000万元以上。	—	500万元	1000万元
7	县国资办	指导县旅投集团成立经营性分公司，配置专业人员队伍。	完成	—	—
8	县财政局	负责“苍农一品”品牌建设资金保障。	长期		
9	县委宣传部、县广播电视台	协助“苍农一品”品牌宣传工作，每年摄制“苍农一品”品牌及其产品相关专题报道不少于20期。	—	20期	20期
10	县考绩办	负责“苍农一品”品牌建设工作的考核、督查，每年度发布督查通报不少于2期。	—	2期	2期

第七章

地理标志农产品

地理标志农产品的八个特征

研究发现，地理标志农产品具有以下特征：

1. 生产区域性

无论是国家质检总局的地理标志保护产品、国家知识产权局商标局地理标志证明商标或集体商标，还是农业农村部的农产品地理标志，均限定了农产品生产的区域范围。就农产品而言，不同区域会有不同的环境、气候、土壤、物种、人文等诸多方面的差异，因此，能够获得以上三类地理标志产品认证的产品，都必须是在一定的区域范围内生产的。

以农产品地理标志“五常大米”为例。五常市大米生产加工企业被国家质检总局核准使用“五常大米”地理标志，也就是说，除了核准的大米生产加工企业可以使用“五常大米”地理标志名称及标志外，不管是五常市行政区域内的，还是行政区域外的，任何大米生产加工企业都不得擅自使用、冒用或伪造“五常大米”地理标志名称及专用标志。如违反这项规定，质监部门可以依据《地理标志产品保护规定》第二十一条、《关于实施〈中华人民共和国产品质量法〉若干问题的意见》第八条第四款和《中华人民共和国产品质量法》第五十三条之规定，责令改正，没收产品，处货值金额等值以下罚款；有违法所得的，没收违法所得。此外，已经核准使用地理标志的大米生产加工企业必须按照地理标志产品的标准和管理规范组织生产加工，如果违反这项规定，质监部门可依据相关规定处货值金额等值以上三倍以下罚款；有违法所得的，没收违法所得；构成犯罪的，依法追究刑事责任。

2. 产品独特性

地理标志主要的功能在于使广大消费者对来源于某地区的农产品与来源于其他地区的同种农产品进行比较，从而选择购买自己真正需要的具有某种独特性的农产品。

那么，怎样才能体现农产品的独特性呢？很显然，农产品地理标志的独特性主要体现在品质风味、特殊工艺、营养功能、特殊人文因素等方面。例如，烟台苹果是指烟台辖区内的长岛、龙口、莱阳、莱州、蓬莱、招远、栖霞和海阳等地栽培的苹果。烟台苹果历史悠久，早在 1618 年以前就已经栽培。《中国福山县志》记载，苹果在明朝万历年间就有“花红”之称。1871 年西洋苹果引进烟台，由此，烟台被称为中国现代苹果的发源地。烟台的气候和环境条件非常适宜苹果生长，被原农业部确定为中国苹果优势产区，烟台苹果果实个大、果形正，色泽鲜艳红润，外表光滑细腻，口味酸甜适口，清香蜜味，且果肉硬度大、纤维少、质地细，果汁含量在89%以上，糖分含量高，总糖量16.4%，含有铁、锌、锰、钙等对人体有益的微量元素，氨基酸含量较高。烟台苹果在2002年获得国家地理标志产品保护，2008年注册了国家地理标志证明商标，2011年被评为“中国驰名商标”。

3. 品种稀缺性

由于自然环境、地理条件、生物品类、种质资源等存在差异，导致农产品具有品种稀缺性。如宁夏盐池滩羊、内蒙古巴美肉羊、蒙山黑山羊、梁山青山羊、阿勒泰大尾巴羊等均不相同。以宁夏盐池滩羊为例。2008年8月，宁夏回族自治区盐池县“盐池滩羊肉”被农业部授予“农产品地理标志”。盐池县拥有得天独厚的天然地理环境，滩羊具有独特的优势，其肉质细嫩、无膻味、味道鲜美、脂肪分布均匀，所产二毛裘皮是裘皮中的上品，属宁夏的“五宝”之一、盐池“三宝”之首。滩羊具有典型的生态地理分布特性，研究资料显示，盐池滩羊具有很明显的窄生态适应性，其最适宜区域是以盐池为代表的具有特殊光、热、水条件的干旱半干旱及荒漠化草原区。盐池县境内草场资源、畜牧业资源丰富。在干草原草场、荒漠草场、沙生植被草场、盐生植被草场等4种草原类型的草场上，生长着甘草、苦豆子等175种优质牧草，仅中药材就有110余种。境内土壤以淡灰钙土、灰钙土为主，有机质含量少，水土中碳酸盐、硫酸盐、硫化物较多，硫、磷、钙等矿物质含量丰富。这种光、热、水土、植被等独特的自然气候条件和天然草场植被造就了盐池滩羊这样一个优秀的品种，同时这也是形成二毛裘皮性状的重要影响因素，更是形成盐池滩羊肉特有风味的主要原因。

4. 工艺传承性

一般而言，地理标志产品均有区域内先民研究出来的不同的工艺手法，并通过师徒授艺、家传秘方等方式得以传承。

先以西湖龙井为例。西湖龙井茶的“抓、抖、搭、拓、捺、推、扣、甩、磨、压”十大手法即为历史传承及总结所得。西湖龙井茶的“色、香、味、形”主要依靠的是手工炒制工艺，其关键一是手工炒制过程中的不同火候锅温，二是手工炒制的基本动作、手法和手势，并灵活运用。

具体来说，西湖龙井茶的炒制工艺主要包括鲜叶摊放、摊放叶分筛、青锅、回潮、二青叶分筛、辉锅、干茶分筛、复辉（挺长头）、复筛归堆、贮藏收灰等十道工序。例如，鲜叶摊放是炒制西湖龙井茶的一道重要工序，茶鲜叶会在摊放过程中发生一系列有利于西湖龙井茶品质形成的理化反应，减少青草气、水分蒸发、叶子柔软利于做形、减少苦涩使茶汤甘醇鲜美。又如，“辉锅”是西湖龙井茶整个炒制技术的关键，此阶段炒制师傅们会灵活运用十大炒制手法进一步做形、固色、干燥，使成品茶达到平、扁、光、直、滑、色泽好、含水率达到6%左右的品质要求。再如，最后一道工序“收灰”，是把成品茶（商品茶）放在专用的贮存缸或铁桶内，按茶叶与生石灰5∶1的比例把生石灰用棉纸、牛皮纸两层包住，外面再套上棉布袋，放于茶缸或茶铁桶中间。“收灰”的目的是保持龙井茶的干燥，经过这道工序，茶叶品质会有明显的改善和提升。

再以重庆涪陵榨菜为例。2000年“涪陵榨菜”被国家工商行政管理总局商标局核准注册为地理标志证明商标，2004年国家质检总局批准对涪陵榨菜实施原产地域产品保护。涪陵榨菜是选用涪陵特有的青菜头经独特的加工工艺制成的鲜嫩香脆的风味产品，其制作工艺是重庆市涪陵区的地方传统手工技艺。早在民国初期，当地厂商就不断改进和革新工艺。20 世纪 30 年代初期，涪陵榨菜从原料到成品一般要经过 13 道工序，即选择菜头、菜头切块、搭菜架、穿菜、晾菜、第一次盐腌、第二次盐腌、淘洗、榨除盐液、挑菜筋、第三次盐腌并加辣椒香料、装坛、封坛口。30 年代以后合并为 9 道工序，即选菜、晾菜、下架、腌制、修剪、淘洗、拌料、装坛、封口，且每道工序都有一定的操作规程和半成品质量标准。随着设备、原材料、技术手段等条件的改变和进步，以及产品规格、质量要求的不同，涪陵榨菜的工序也相应地调整和改变。

5. 历史人文悠久性

调研发现，农产品地理标志产品大多具有悠久的种养历史，并在长期的种养进程中形成了独特的文化，相当多的地理标志农产品都具有悠久的历史文化传统。

以地理标志农产品、山西平遥特产“平遥长山药”为例。平遥长山药又称薯蓣，其制品营养丰富、性温味甘，是健身、扶脾、养胃的滋补药品。平遥长山药是历史悠久的特产，尤以岳北村一带所产长山药质地优良。两千多年前的《山海经》上就有“景山，北望少泽，其草多薯蓣”的记载，文中所指景山就在山西境内。平遥长山药有“中国小人参”之称，在平遥有着 200 多年的种植历史，广泛分布于岳壁、宁固、中都等乡镇。

6. 命名地缘性

地理标志产品命名具有地缘性的特点，除国家知识产权局商标局地理标志证明商标之外（可以是该地理标志标示地区的名称，也可以是能够标示某商品来源于该地区的其他可视性标志），国家质检总局地理标志保护产品、农业农村部农产品地理标志这两类地理标志认证的产品，其名称均由农产品所生产的地理区域名称和农产品品类通用名称协同构成。如福州茉莉花、云阳红橙、五常大米、大兴西瓜、烟台苹果、房县香菇等，前半部分为地理区域名称，后半部分为农产品品类通用名称。因此，农产品地理标志产品命名具有直接的地缘依附性和地缘联想性，消费者只要看到产品名称便可产生品牌联想。

7. 品牌使用公共性

生产企业只要在限定的区域内生产地理标志产品，且产品符合地理标志产品认证要求、获得认证保护管理部门或机构（事业性单位、协会或者其他组织）认可，都能够获得授权使用地理标志，进而获得地理标志产品生产经营收益。

以茶叶为例。在国内茶叶市场，绿茶以近 67% 的市场份额占据了绝对优势。虽然绿茶品种繁多，但浙江省生产的龙井茶无论是总体规模还是市场影响力优势都十分明显。为加强龙井茶的品牌管理，规范龙井茶的生产经营与销售，“龙井茶”于 2008 年被国家工商行政管理总局商标局核准注册为地理标志证明商标，龙井茶法定产区涉及杭州、绍兴、金华和台州共 4 个市，覆盖 18 个县（市、区）、224 个乡（镇、街道）、3488 个行政村、38.1 万户茶农。“龙井茶”地理标志范围分为三个产区：杭州市西湖区（西湖风景名胜区）为龙井茶西湖产区，杭州市下属的其余 8 个县（市、区）为龙井茶钱塘产区，绍兴市及磐安县、东阳市、天台县为龙井茶越州产区。“龙井茶”证明商标注册人采取了授权使用管理办法，截至 2017 年 2 月底，取得“龙井茶”证明商标授权使用企业共 338 家，注册人要求每个龙井茶证明商标授权使用企业都是龙井茶品牌的具体代言人，自觉维护龙井茶品牌的形象。依据《龙井茶证明商标使用管理实施细则》，未取得龙井茶证明商标注册人授权的企业不能使用“龙井茶”商标及在产品包装上标注龙井茶的产品名。

“西湖龙井”是经国家工商行政管理总局注册的地理标志证明商标，杭州市西湖区龙井茶产业协会是“西湖龙井”地理标志证明商标注册人，对该商标享有专用权。想使用“西湖龙井”地理标志证明商标，须按《“西湖龙井”地理标志证明商标使用管理规则》规定的条件、程序提出申请，由杭州市西湖区龙井茶产业协会审核批准。

8. 两权分离性

与其他商标、品牌权属不同，农产品地理标志具有两权分离性特征，国家对地理标志证明商标的界定是：由对某种商品或者服务具有监督能力的组织所控制，而由该组织以外的单位或者个人使用于其商品或者服务。这说明地理标志证明商标的商标所有权、商标使用权两权分离，即地理标志证明商标所有权归协会、事业性单位等组织，使用权归该组织以外的生产经营企业、合作社、农户。虽然国家质检总局地理标志保护产品、农业农村部农产品地理标志没有明确说明地理标志产品保护监管与使用的两权分离性，但由于其使用的公共性，依然存在着理标志所有者、使用者分离的现象。

农产品地理标志登记与保护

建立农产品地理标志登记与保护制度是实现农业现代化、发展特色农业和品牌农业、提高农民收入的重要手段。

1. 我国农产品地理标志登记与保护制度

目前，我国共有三个政府部门对农产品地理标志进行注册、登记和管理。国家知识产权局商标局通过集体商标或证明商标的形式对地理标志进行法律注册和管理，国家质检总局和农业农村部以登记的形式对地理标志进行保护和管理。其中，由于国家知识产权局商标局以商标的形式对农产品地理标志进行注册，具有法律地位，所以对农产品地理标志产品的保护更加有力。

我国地理标志保护制度比较复杂。在 2018 年机构改革前，有相关政府部门均发布了自己的管理办法和规定，分别是 2003 年国家工商总局发布的《集体商标、证明商标注册和管理办法》（将地理标志作为集体商标、证明商标进行监管）、2005 年国家质检总局发布的《地理标志产品保护规定》和《地理标志产品保护工作细则》、2008 年农业部发布的《农产品地理标志管理办法》，且三个部门分别使用了三种不同的标志图案。截至 2018 年，国家工商总局和农业部分别批准了 2000 多个地理标志，国家质检总局批准了 1000 多个地理标志。在各种产品中，农产品受地理位置的影响最为突出，因此，有 3000 多个地理标志产品是农产品。

从已经获批的地理标志来看，绝大多数覆盖县级区域，少量覆盖地市级区域，个别覆盖县级以下区域。

2. 农产品地理标志登记保护

为做大做强特色农业品牌，推动特色农业和农村区域经济快速发展，2007 年 12 月，农业部以第 11 号农业部令的形式发布了《农产品地理标志管理办法》(以下简称《办法》),自 2008 年 2 月起全面启动农产品地理标志登记保护工作。

《办法》所称农产品是指来源于农业的初级产品,即在农业活动中获得的植物、动物、微生物及其产品。农产品地理标志是指标示农产品来源于特定地域,产品品质和相关特征主要取决于自然生态环境和历史人文因素,并以地域名称冠名的特有农产品标志。国家对农产品地理标志实行登记制度,经登记的农产品地理标志受法律保护。《办法》规定,县级以上地方人民政府农业行政主管部门应当将农产品地理标志保护和利用纳入本地区的农业和农村经济发展规划,并在政策、资金等方面予以支持。申请地理标志登记的农产品,应当符合下列条件:第一,称谓由地理区域名称和农产品通用名称构成;第二,产品有独特的品质特性或者特定的生产方式;第三,产品品质和特色主要取决于独特的自然生态环境和人文历史因素;第四,产品有限定的生产区域范围;第五,产地环境、产品质量符合国家强制性技术规范要求。

农产品地理标志登记申请人为县级以上地方人民政府根据下列条件择优确定的农民专业合作经济组织、行业协会等组织:第一,具有监督和管理农产品地理标志及其产品的能力;第二,具有为地理标志农产品生产、加工、营销提供指导服务的能力;第三,具有独立承担民事责任的能力。农产品地理标志使用人享有的权利有:第一,可以在产品及其包装上使用农产品地理标志;第二,可以使用登记的农产品地理标志进行宣传和参加展览、展示及展销。农产品地理标志使用人应当履行的义务有:第一,自觉接受登记证书持有人的监督检查;第二,保证地理标志农产品的品质和信誉;第三,正确规范地使用农产品地理标志。

3. 农产品地理标志登记保护的重要意义

对区域特色农产品实施农产品地理标志登记保护，对我国发展特色农业、品牌农业和现代农业具有重要而深远的意义。有评论指出，推广农产品地理标志有助于发展区域经济、打造特色品牌、增强农产品核心竞争力；有助于强化监管、维护合法权益，保护农业生物资源多样性和传统优势品种；有助于增加农民收入、满足特色消费需求，促进国际贸易；有助于加快产业发展，提质增效，提升农产品质量安全水平。

自我国全面启动农产品地理标志登记保护工作以来，各地方政府对农产品地理标志的重视程度和积极性明显提升，农产品地理标志登记保护工作取得了积极进展。截至 2020 年底，全国地理标志农产品已达 3090 个。农产品地理标志登记保护的效果主要表现在：一是农产品区域品牌发展和农业产业提质升级，农业效率提高，农民收入增加。根据跟踪评估，农产品地理标志登记后平均产品价格提高 20% ～ 30%。二是提升了农产品质量安全水平。登记产品注重产地自然生态环境、产品生产标准化和全程质量控制，尤其是农产品地理标志授权使用环节将产品安全性作为准入条件，严格管控农产品质量，确保农产品质量安全。三是农业国际交流合作提速。农产品地理标志已成为国际贸易交流和知识产权保护的重要内容。

总之，农产品地理标志登记保护对于我国农业产业升级、产品质量提升、市场竞争力提高、农业增效及农民增收意义重大，是我国发展现代农业的重要抓手。

下面介绍农产品国家地理标志产品湖北省天门市张港镇“张港花椰菜”发展情况。

【案例 7-1】

张港镇地处江汉平原，属北亚热带季风气候区，四季分明、雨量充沛、光照充足、热量丰富、气候湿润、严寒期短、无霜期长，自然环境得天独厚。张港镇种植蔬菜历史悠久，尤其以种植花椰菜最为出名，因其具有球正结实、花色洁白、晶莹剔透、风味绝佳、耐贮运和货架期长等特点，畅销北京、武汉等国内 50 多个大中城市，同时出口到蒙古、俄罗斯以及东南亚等国家和地区。

1984 年，张港镇引进花椰菜试种成功。20 世纪 90 年代初，张港镇开始大面积示范推广。90 年代中后期，张港镇开始全面实施蔬菜强镇战略，调结构、扩面积，促进产业发展。2002 年，张港镇引进鑫天农业公司，发展花菜产业链一体化。同年，注册花椰菜商标“和玉”。2003 年，张港镇被认定为湖北省无公害农产品生产基地。2007 年，和玉牌花椰菜经中国绿色食品委员会认定为“绿色食品 A 级产品”。2013 年，“张港花椰菜”被农业部批准为国家农产品地理标志登记保护产品，成为天门市第一个通过农业部认定的农产品地理标志产品。2016 年，张港镇被湖北省确定为全省富硒花椰菜产业示范基地。2016 年，“张港花椰菜”被国家工商总局授予地理标志集体商标。2017 年，张港花椰菜被湖北省政府评为“荆楚优品”。此外，张港镇先后被授予全国花菜第一镇、全国“一村一品”示范村镇、全国绿化先进乡镇、省级特色产业镇、省级现代农业示范区等称号。

近年来，张港镇围绕“农业增效、农民增收、农村增绿”，坚持紧扣特色镇战略、精品名牌战略、产业招商战略和“龙头”带动战略。全镇花椰菜专业村发展至 35 个，花菜种植面积达到 8 万亩，其中松花菜和西兰花等中高端品种种植面积近 3 万亩，辐射周边 8 个乡镇。花椰菜产值达到 4 亿元，深加工产值达到 4150 万元，农民人均增收 2100 元。

4. 国际农产品地理标志保护的典型模式

构建地理标志保护体系的目的是为地理标志提供制度化的保障，提高农产品品牌价值，维护生产者利益，保护消费者权益。

目前世界各国对地理标志的保护大致有三种典型模式：一是将地理标志视为知识产权，依靠独立的法律制度实施保护，地理标志保护制度完善。世界上有 80 多个国家和地区采用该种模式，欧盟是其中的典型代表。二是依靠商标法实施保护，同时又单独立法保护，采取的是双重保护模式，这种模式以中国、韩国和瑞士等国为代表。三是依靠商标法的特殊规定实施保护，这种模式以美国、加拿大和澳大利亚等国为代表。需要指出的是，目前世界上单纯依靠商标法对地理标志实施保护的国家越来越少，重视知识产权并以独立的法律制度实施保护的国家逐渐增多。

（1）欧盟地理标志保护模式。

早在 1992 年，欧共体（欧盟的前身）就以农林水畜产品为保护对象，制定了地理标志保护制度。其后欧盟积极推广普及该制度，并在 GATT 多哈回合谈判以及自由贸易协定 / 经济合作协定（FTA/EPA）谈判中，主张普及强化对地理标志的保护。

欧盟的地理标志保护制度分为“原产地名称保护（PDO）”和“地理标志保护（PGI）”两部分。其中，PDO 效仿了法国的“原产地命名控制（AOC）”，规定地理标志产品的质量和特征要与生产地区紧密结合，产品的生产和加工必须在产地完成。PGI 的特征是产品质量特征与地理环境结合较松散，生产和加工的部分环节可以在产地外进行。

此外，欧盟还对地理标志的申请注册程序、产品质量监督管理做出了具体要求。例如，进行地理标志登记时，申请人要提交包括产地、质量标准、生产标准等信息的详细清单。产品在上市前，要由公共机构或第三方组织按清单内容进行确认，达到标准的生产者才有权使用地理标志，而对违法使用地理标志的行为，公共机构有权取消其使用权。

（2）日本农产品地理标志保护模式。

日本十分重视产地因素对农产品品牌的影响，采取了与法国 AOC 认证类似的“地理标志产品”制度，相关农产品必须在严格监管之下按照特殊品质标准进行生产，才能获得“地理标志产品”的认证。日本于 2014 年通过《特定农林水产品等名称保护法》（即《地理标志法》），标志着日本正式以专门法的形式对地理标志农产品实施保护。

与 TRIPS 协定（即《与贸易有关的知识产权协定》）及欧盟、美国的地理标志保护制度相比，日本地理标志保护模式有以下不同之处：

首先是保护水平的差异。日本地理标志保护制度规定，如果地理标志申请注册成功，相同的名称及类似名称都将被禁止使用，即日本的保护水平几乎与 TRIPS 协定相同，但是与欧盟的保护制度相比，保护对象覆盖范围更窄。日本农产品地理标志保护制度的保护对象包括食用农林水产品和饮料，酒类和医药品除外。部分非食用的农林水产品也受到该制度保护。

其次是与既有商标的关系不同。欧盟规定，如果既有商标产品的独特性不至于招致误认，可以申请登记为地理标志。美国则采取先行优先的原则。日本原则上规定，与既有商标名称相同或类似的商品不能登记为地理标志商品，但如果商标权人同意，可以申请登记为地理标志商品。由此可见，日本的制度规定介于欧盟和美国之间。

最后是对普通名称的定义不同。日本没有规定地理名称和产品的普通名称不能登记为地理标志产品名称，这与欧盟及美国的规定相同。但如何判断是否为普通名称，日本与欧盟和美国均存在不同之处。日本规定在地理名称可能为重复地名的情况下，要根据产品的原材料和实际产地进行判断，欧盟则没有此项规定。

长期以来，日本主要依靠《不正当竞争防止法》及其相关法律法规来禁止虚假标示原产地的行为，以此来保护正宗原产地产品生产经营者的利益。

日本农产品地理标志的申请人只能是生产或加工团体，由农林水产省负责审查，对符合标准的农产品给予认证登记。获得认证后，生产者需要按照产品质量标准组织生产，地理标志拥有者负责生产过程的管理，最终由农林水产省负责监督，以保证地理标志农产品的质量。地理标志是区域公共财产，加入团体的生产者的产品如果符合质量标准，也有资格使用该地理标志。日本农产品地理标志属于集体所有，如果集体成员生产和销售未达质量标准的地理标志农产品，或者集体成员之外的人不正当使用地理标志，农林水产省将会禁止或取缔侵权行为，必要时可以采取罚金或刑事拘留等惩罚措施。

中国作为地理标志资源大国，应该借鉴日本的经验，以地理标志为抓手，加强知识产权保护，加大优质农产品品牌的塑造力度，提升农产品出口的竞争力。

农产品地理标志认证及管理保护体系比较

我国农产品地理标志由三个部门认证和管理，即国家知识产权局商标局地理标志证明商标和集体商标、国家质量监督检验检疫总局地理标志保护产品、农业农村部农产品地理标志登记，这三类地理标志的认证及管理保护制度体系存在差异。

1. 管理制度体系不同

国家知识产权局商标局农产品地理标志证明商标和集体商标依据《商标法》对农产品地理标志的商标注册与使用进行管理。国家质量监督检验检疫总局对地理标志保护产品的管理主要依据《中华人民共和国产品质量法》《中华人民共和国标准化法》《中华人民共和国进出口商品检验法》。农业农村部农产品地理标志登记管理主要依据《中华人民共和国农业法》《中华人民共和国农产品质量安全法》，强调“国家对农产品地理标志实行登记制度。经登记的农产品地理标志受法律保护”（《农产品地理标志管理办法》）。

具体来说，国家质量监督检验检疫总局、农业农村部依据部门规章对农产品地理标志的审批注册、质量监控、专用标准、专用标识使用进行管理，而国家知识产权局商标局依据法律对农产品地理标志进行商标注册管理。以上三部门对农产品地理标志的管理依据和管理权限都不同，分别属于法律层面和政策规章层面等不同的管理制度体系。

2. 申请主体不同

国家质量监督检验检疫总局的农产品地理标志申请主体为县级或以上地方人民政府，接受外国产品的申请；农业农村部的农产品地理标志登记申请人为县级或以上地方人民政府根据条件择优确定的事业性机构、农民专业合作社、行业协会等组织；国家知识产权局商标局的农产品地理标志证明商标或集体商标的申请主体除了国内相关团体、协会与其他组织之外，也包括外国人与外国企业（须提供该地理标志以其名义在其原属国受法律保护的证明）。

3. 管理范畴与标准要求不同

地理标志保护产品、地理标志证明商标和集体商标、农产品地理标志登记的管理范畴与标准要求存在内容与程度上的明显差异。

（1）国家质检总局的地理标志保护产品。

国家质检总局在 2005 年 5 月发布的《地理标志产品保护规定》中强调了地理标志保护产品的申报要求：地方政府关于划定地理标志产品产地范围的建议，地理标志产品的证明材料，产品名称、类别、产地范围及地理特征的说明，产品的理化、感官等质量特色及其与产地的自然因素和人文因素之间关系的说明，产品生产技术规范（包括产品加工工艺、安全卫生要求、加工设备的技术要求等），产品的知名度，产品检测报告、产品生产、销售情况及历史渊源的说明，拟申请的地理标志产品的专用产品技术标准。获得批准后地方政府发布地理标志保护产品管理办法及地理标志产品的地方标准，并动员保护范围内符合地方标准的生产企业使用专用标志。规定获准使用地理标志产品专用标志资格的生产者，未按相应标准和管理规范组织生产的，或者在2年内未在受保护的地理标志产品上使用专用标志的，国家质检总局将注销其地理标志产品专用标志使用注册登记，停止其使用地理标志产品专用标志并对外公告。

（2）农业农村部农产品地理标志。

除了申请人资质证明之外，还要求提供产品典型特征特性描述和相应产品品质鉴定报告、产地环境条件、生产技术规范和产品质量安全控制规范、地域范围确定性文件和生产地域分布图、产品实物样品或者样品图片等，还要求建立质量控制追溯体系。要求地理标志产品登记证书持有人和标志使用人对地理标志农产品的质量和信誉负责，并依据《农产品地理标志管理办法》的实施需要，配套组织制定《农产品地理标志产品品质鉴定规范》等20多个配套技术规范。

（3）国家知识产权局商标局地理标志证明商标和集体商标。

除对申请说明提出要求外，没有明确的对质量、标准、信誉负责的直接条款。

4. 两权关系不同

地理标志保护产品、地理标志证明商标和集体商标、农产品地理标志登记三类地理标志产品不同管理部门的两权关系不同。

按照国家质检总局《地理标志产品保护规定》，地理标志产品产地范围内的生产者使用地理标志产品专用标志，应向当地质量技术监督局或出入境检验检疫局提出申请，并提交以下资料：地理标志产品专用标志使用申请书；由当地政府主管部门出具的产品产自特定地域的证明；有关产品质量检验机构出具的检验报告。申请经省级质量技术监督局或直属出入境检验检疫局审核，并经国家质检总局审查合格注册登记后，发布公告，生产者即可在其产品上使用地理标志产品专用标志，获得地理标志产品保护。

农业农村部的农产品地理标志产品，须登记证书持有人与经营单位或个人之间“签订农产品地理标志使用协议，在协议中载明使用的数量、范围及相关的责任义务”（《农产品地理标志管理办法》）。

国家工商行政管理总局商标局地理标志证明商标和集体商标使用，其商标持有权与商标使用权两权分离，商标注册者不可以使用商标，集体商标只要注册者为集体成员即可使用，但“不得许可非集体成员使用”。

总之，地理标志产品保护、地理标志证明商标或集体商标、农产品地理标志登记应当遵循地理标志产品管理规律法规的基本规定。地理标志产品是由地方政府、监管部门、行业协会、生产企业、个体农户整体支撑发展的，并共同为农产品地理标志保护发挥重要作用。

我国的农产品认证制度

对于经过认证的农产品，消费者有更多的信任度和安全感，因此，农产品认证制度对农产品品牌发展和企业经济效益具有重要的促进作用。

1. 农产品认证制度源于欧美发达国家

资料显示，农产品质量认证始于 20 世纪初美国开展的农作物种子认证，并以有机食品认证为代表。到 20 世纪中叶，随着食品生产传统方式的逐步退出和工业化比重的增加，再加上国际贸易的日益发展，食品安全风险程度增加，许多国家引入“从农田到餐桌”的过程管理理念，把农产品认证作为确保农产品质量安全和降低政府管理成本的有效政策措施。在此背景下，国际上先后出现了 HACCP（食品安全管理体系）、GMP（良好生产规范）、欧洲 EurepGAP、澳大利亚 SQF、加拿大 On-Farm 等体系认证以及日本 JAS 认证、韩国亲环境农产品认证、法国农产品标识制度、英国的小红拖拉机标志认证等多种农产品认证形式。

以法国为例。法国从农产品认证这一农产品品牌发展的关键环节入手，以传统文化和地方资源优势为基础，制定了一系列产品认证体系，其中最有特点、最有代表性的就是原产地命名控制认证体系，即 AOC 认证标志，它体现了农产品与其产地之间的密切关系。使用 AOC 认证标志的农产品在地理环境、气候环境、种养技术和经营管理方面都有自身独特的优势，品质优良并被消费者长期认同。将产地与产品挂钩就等同于将产品的质量和品质与产地原料品种和生产技术挂钩。此外，使用 AOC 认证标志的农产品在经过严格的检验程序后方可被认定为 AOC 产品，如法国的 AOC 葡萄酒是法国葡萄酒中的上品。

2. 我国农产品认证体系

我国开展农产品认证的时间比欧美发达国家要晚，始于 20 世纪 90

年代初的绿色食品认证，是在发展高产优质高效农业大背景下推动起来的。20 世纪 90 年代后期，国内一些机构开始引入国外有机食品标准，实施有机食品认证。有机食品是国际有机农业宣传和辐射带动的结果，有机食品认证是农产品质量安全认证的一个组成部分。2001 年，在中央提出发展高产、优质、高效、生态、安全农业的背景下，农业部提出了无公害农产品的概念，并组织实施“无公害食品行动计划”，各地自行制定标准，开展当地的无公害农产品认证。在此基础上，2003 年实现了“统一标准、统一标志、统一程序、统一管理、统一监督”的全国统一的无公害农产品认证。此外，我国还在种植业产品生产中推行 GAP（良好农业操作规范）和在畜牧业产品、水产品生产加工中实施 HACCP（食品安全管理体系）认证。我国基本上形成了以产品认证为重点、体系认证为补充的农产品认证体系。

总的来说，我国已基本建立了“从农田到餐桌”全过程的食品、农产品认证认可体系。国家认证认可监督管理委员会在全国的认证认可工作中起到统一监管和综合协调的作用，现已基本形成统一管理、规范运作、共同实施的食品、农产品认证认可工作局面。

3. 农产品认证：从“三品一标”到“两品一标”

“三品一标”，指无公害农产品、绿色食品、有机农产品和农产品地理标志。“三品一标”是当前和今后一个时期农产品生产消费的主导产品，是传统农业向现代农业转变的重要标志。

（1）“三品一标”。

“三品一标”的定义见表 7-1。

表 7-1 “三品一标”特征

序号	名称	定义	说明
1	无公害农产品	无公害农产品是指产地环境和产品质量均符合国家普通加工食品相关卫生质量标准要求，经政府相关部门认证合格、并允许使用无公害标志的农产品。这类农产品不对人的身体健康造成任何危害，是对食品的最起码要求。无公害食品是指无污染、无毒害、安全的食品。	2001 年，农业部提出“无公害食品行动计划”，并制定了相关国家标准，如《无公害农产品产地环境》和具体到每种产品的生产标准。截至 2019 年底，我国无公害农产品生产主体 4.4 万个，产品数量 8.6 万个。
2	绿色食品	绿色食品是指无污染、优质、营养食品，经国家绿色食品发展中心认可、许可使用绿色食品商标的产品。由于与环境保护有关的事物我国通常都冠以“绿色”，为了更加突出这类食品出自良好的生态环境，因此称为绿色食品。	绿色食品分为两级，即 A 级绿色食品（生产条件要求较低的食品）和 AA 级绿色食品（要求较高，与有机食品要求基本相同）。20 世纪 90 年代，我国提出绿色食品的概念，相继制定了相应的标准和《绿色食品产地环境技术条件》《绿色食品生产农药使用准则》《绿色食品生产化肥使用准则》等。
3	有机农产品	有机农产品根据有机农业原则，生产过程绝对禁止使用人工合成的农药、化肥、色素等化学物质，采用对环境无害的方式生产，通过独立认证机构认证并颁发证书，销售过程受专业认证机构全程监控，且销售总量受控制。有机农产品是真正纯天然、高品味、高质量的食品。	有机食品是食品的最高档次，在我国刚刚起步，在发达国家也只是一些高收入、追求高质量生活水平人士所追求的食品。

续表

序号	名称	定义	说明
4	农产品地理标志	农产品地理标志是指标示农产品来源于特定地域，产品品质和相关特征主要取决于自然生态环境和历史人文因素，并以地域名称冠名的特有农产品标志。	我国共有三个政府部门对农产品地理标志进行注册、登记和管理。国家知识产权局商标局通过集体商标或证明商标的形式进行法律注册和管理，国家质检总局和农业农村部以登记的形式对农产品地理标志进行保护和管理。

（2）适时停止无公害农产品认证，全面推行农产品合格证制度。

需要指出的是，随着我国农业进入高质量发展新阶段，无公害农产品面临目标定位滞后、市场导向不突出、推动手段不足等问题。对此，农业农村部启动无公害认证制度改革，下放审批职责。2017 年 12 月，农业部办公厅印发了《关于调整无公害农产品认证、农产品地理标志审查工作的通知》，启动无公害农产品认证制度改革工作，将无公害农产品审核、专家评审、颁发证书和证后监管等职责全部下放，由省级农业行政主管部门及工作机构负责，无公害农产品产地认定与产品认证合二为一。2018 年 4 月，农业农村部办公厅印发了《关于做好无公害农产品认证制度改革过渡期间有关工作的通知》，再次明确了将原无公害农产品产地认定和产品认证工作合二为一，实行产品认定的工作模式，相关职责由省级农业农村行政部门承担。

2019 年 12 月，农业农村部就十三届全国人大二次会议关于“无公害农产品转型升级”的建议，公开了答复意见，明确农业农村部将加快推进无公害农产品认证制度改革，适时停止无公害农产品认证，全面推行农产品合格证制度，构建以合格证管理为核心的农产品质量安全监管新模式。同时指出，为加快推进无公害农产品认证制度改革，避免在无公害农产品认证工作停止后出现监管“真空”，农业农村部制定了《食用农产品合格证管理办法（试行）》，并于2017年起在浙江、山东等6个省开展食用农产品合格证试点工作。

第八章

发达国家品牌农业建设

发达国家农产品品牌建设经验

美国、欧洲、日本等发达国家和地区发展现代农业的时间较长，农业基础扎实，其十分重视农业科研、农产品品质和农产品品牌建设，在保障农产品品质和质量安全、农业科研技术水平领先，提升农产品品牌影响力和提高农产品市场竞争力等方面积累了许多成熟的经验。

了解国外发达国家农产品品牌建设经验，对我国推进农业品牌化和发展现代农业具有重要的借鉴意义。

1. 美国农产品品牌经验

美国是世界上农业市场化、现代化程度最高的国家，也是农业品牌化最早的国家。美国发展品牌农产品的经验主要包括以下几个方面：

（1）科技创新。

科技创新是美国农产品全球竞争力不断提高的秘诀，也是农产品品牌价值不断提升的动力源泉。

从19世纪60年代开始，美国农业技术创新体系经历了建立“赠地大学”发展教育和设立大学实验基地、开始农业科学研究、建设和完善县推广站等重要发展阶段，形成了以大学为依托，大学与各级政府合作，县推广站为基本单位，科研、推广和教育“三位一体”的农业技术创新体系。1914年，美国通过《史密斯－利弗推广法》，初步建立了与农业生产相关的科技教育体系，使农业从业人员的科技知识、管理能力和品牌意识逐步增强。

美国农业科研系统由国立、州立、私立三层次结构构成。农业部农业研究服务局（ARS）是美国农业研究的主力，其按照农业区域特点和行政区划，把全美划分成八大区域，并在每个区域设置了由农业研究服务局直接领导的科研服务机构，每个机构根据本区特点下设不同数量和规模的试验站、示范点或研究所，这些机构侧重于纯理论性基础研究，目的在于探索新知识或解决长期性、全国性重大战略问题。农业部推广局是推广工作管理机构，负责指导各州制定和执行推广计划，协调各州间的合作交流，不直接从事具体的农技推广工作。州立大学农学院通过建立农业推广中心来具体负责组织管理和实施基层推广工作，同时承担农业教学、科研与推广工作，农学院教授是农业推广体系的核心，承担的任务有：校内教学与培训，针对每个州的农业特点开展科学研究，把教学与培训延伸到农民，并把科研成果带给农民。县推广站是州推广中心的派出机构，与州推广中心联合指导该县的农业推广工作，帮助实施推广计划，帮助农民发现农场经营中存在的问题。

美国农业科研经费有保障，农业部系统科研经费以联邦拨款为主，国家科学基金及其他机构也提供总预算 2.6% 的经费支持尖端技术研究，还从企业及销售产品、技术服务等获得 0.4% 的资金。一百多年来，美国对农业科研的资金投入保持稳定性、连贯性和增长性，每年联邦政府科技研发支出的约 2% 投入农业，而且大多用于风险高、短期收益较低的基础性和前瞻性农业科技研究。为了支持农业科技创新，早在 2007 年美国就通过了《美国竞争法》，投入 336 亿美元用于科技发展。

此外，美国农业企业也对农业科研进行投资。高投入带来高回报，拥有知名农产品品牌的美国大型农产品公司的收入中，科技创新的贡献值达到 45%。多年来，美国形成了一套以农业科技创新发展农产品品牌进而获得收益的良性循环模式，即“科研投入 – 技术创新 – 专利申请 – 营销盈利 – 专利付费”。数据显示，美国农业科技企业用于研究开发的投入一般占销售总额的 5% ～ 15%，如世界领先的农业生物技术公司孟山都是全球第一大种子公司，公司研发投入占每年收入的 10%。

（2）重视农产品品质监管。

作为一家科学管理机构，美国食品和药物管理局（Food and Drug Administration，FDA）的职责是确保美国生产或进口的食品、化妆品、药物、生物制剂、医疗设备和放射产品的安全。FDA 对食品、农产品、海产品的管理机构是食品安全与营养中心，其职责是确保美国人的食品安全、干净、新鲜并且标识清楚。

美国十分重视农产品的品质监管，早在 1998 年就建立了以总统食品安全顾问委员会为核心的食品质量安全监督系统，该系统包含多个分支机构，如食品安全检查部、动物卫生安全检查部、海洋鱼类渔业检查部等。为加大监督力度和避免勾结，这些部门还经常采取交叉监督、联合执法等行动。美国还针对不同种类的农产品制定了一系列法案，如《联邦肉类检验法》等，通过这些法案建立起农产品质量监管的法律体系。完善的监管体系发挥了规范行业标准的作用，确保美国农产品质量达标，也有力地支撑了美国农产品的品牌建设。

（3）周密的广告宣传。

美国农产品企业把广告看成是提升品牌形象和市场占有率的法宝。知名品牌每年的广告宣传费用超过 1 亿美元，有的企业广告宣传费用甚至高达 10 亿美元。

美国是世界上广告投入最高的国家，广告是美国农产品品牌推广的关键。为使全世界的消费者都能对公司和产品的品牌有深入的了解和认可，美国公司在进入全球市场前，一般都会制定详细周密的宣传推广计划，以达到宣传推广的目的。一个成功的案例是新奇士。新奇士橙子本身特色并不明显，但公司通过大量的广告宣传和统一的包装，在全球消费者面前树立了一个高品质、标准化的品牌印象。不仅如此，新奇士公司还通过广告情节的描述，将吃新鲜水果扩展到喝新鲜果汁，“喝一个橙子”成为一句极具创意而简单有效的广告宣传语。公司也借机将产品由橙子拓展到饮料，开发出果汁、含果汁的汽水、高浓缩果汁露等，既扩展了业务，又提高了产品附加值和品牌价值。

（4）高效的流通渠道。

在美国农业产业体系中，流通和销售环节都有非常重要的地位。美国农业产业体系的产值构成为：农业生产占 25%，加工占 33%，销售占 42%。发达的、多样化的销售和流通对美国农产品品牌发展起到了非常重要的作用。

美国农产品生产企业中，有的是企业自己做品牌和营销，更多的企业将生产与营销分离，将流通和销售完全委托给专业的厂商，农产品的广告和销售业务全部由从事流通的厂家来做。美国农产品品牌的运作，很多都是围绕大型销售商展开的。

（5）政府大力支持农产品品牌建设。

欧美、日本等发达国家和地区为保持其农产品品牌的国际竞争力，一般都对国内知名的农产品企业给予税收减免、金融支持、科技投入、出口补贴等方面的优惠政策。以美国和日本为例，两国都常年对农业给予高额补贴，这也促进了两国农产品品牌的建设。美国农业部每年发放的农业补贴高达数十亿美元，这些补贴大幅降低了美国农产品的生产成本，使美国农产品出口到岸的价格甚至低于很多国家的本地收储价格，保持了美国本土农产品的国际竞争力，形成了农产品的品牌效应。此外，在美国进行农业投资还可享受延期纳税、减免税收等一系列税收优惠。补贴和减税使美国农业获得了强大的资金支持，因此农业企业有能力对农业科研注入大量经费，并在广告宣传和营销推广等品牌建设项目上花费巨资。

（6）专业化经营。

美国的农产品很大部分是专业化农场提供的。其中，棉花农场专业化的比例为76.9%，大田作物农场为81.1%，果树农场为96.3%，牛肉农场为87.9%，奶牛农场为84.2%。农业专业化经营给美国农产品品牌化打下了良好的根基。

2. 荷兰“三招”塑造农业品牌

荷兰农业的主要贸易伙伴为欧盟成员国，德国、比利时、卢森堡和法国是荷兰主要的农产品出口国。其中，德国是荷兰最大的农业贸易伙伴，荷兰 60% 的蔬菜出口德国。

（1）以拍卖市场为中心吸引全球各类买家。

荷兰的农产品拍卖市场全球闻名。拍卖市场是荷兰农产品流通中一种独特的组织形式，被誉为最具有荷兰特色的市场方式。荷兰的拍卖市场已有百余年的历史，绝大多数的果蔬和花卉等生鲜农产品都是通过拍卖市场交易的。拍卖市场价格透明，各类买家放心。拍卖市场的职能还包括对产品的分类、分级，以及质量和包装等标准化管理，提供各种储存设施和冷库设备服务。此外，拍卖市场还具有市场研究、销售管理、海内外促销等职能，并提供购销信息服务以及完整的银行决算、交通运输服务。所有这些都大大便利了进口商。

（2）快捷的物流传递系统。

荷兰的花卉生产与销售在全球举足轻重。尽管荷兰花卉和观赏植物栽培面积仅占全国园艺种植面积的 4% 左右，但玻璃温室花卉种植的面积极大。

鲜花要及时地送到客户手里，需要便捷的交通运输。荷兰花卉的拍卖市场和运送系统非常发达，拍卖市场一般是由各园艺公司共同拥有的股份联合体，各个成员公司按章程规定将自己的花卉产品交由拍卖市场出售，世界各地的购买商在拍卖市场登记注册，便可使用拍卖市场提供的各种设施。拍卖市场所有的花卉产品完成拍卖程序后当天就能包装运送到附近的国际机场，第二天就能在世界各地的花卉市场上零售。

（3）创新与研发。

荷兰之所以能由资源小国一跃成为世界农产品品牌大国，主要得益于几十年来一直根据国际市场趋势，大力发展科研，培育自身的农产品核心竞争力。荷兰农业科技化程度很高，荷兰政府和公司每年都投入巨额资金研究和开发新品种，比如一般常见花卉，每一种花可以有十几万个品种，什么颜色、什么时间开花、大小、高低等应有尽有，完全可以满足不同顾客的需求。又如，荷兰利用先进的暖房种植技术，可以让西红柿产量高达每平方米30多公斤，通过各种智能设备的帮助能让一名奶农为100头奶牛挤奶，而打理20公顷的花田只需3名全职工和3名农忙时再雇的短工。此外，荷兰农产品加工业处于世界领先地位，农产品和蔬菜有60%以上经过加工成为高质量、高附加值的产品。

3. 法国通过"原产地命名控制"保护农产品区域品牌

在质量标准方面，除国际标准化组织的ISO系列认证标准外，法国的原产地命名控制（AOC）是全球著名的农产品质量认证标准，通过对原产地名称的保护，将地方文化传统和产品特色结合起来，对农产品区域品牌建设起到关键作用。

AOC是法文Appellation d'Origine Contrôlée的缩写，翻译成中文就是"原产地命名控制"。AOC规定了葡萄种植的地理边界，允许种植的葡萄品种，葡萄种植法（种植密度、剪枝法、单位产量、葡萄成熟时的含糖量、收获时间等），酿酒法（发酵方法和时间、陈酿方法和时间等）。法国葡萄酒之所以享誉世界就得益于AOC标准的实施。获得AOC认证的葡萄酒对区域、土壤、种子、种植、酿造、储存等都有严格的技术标准，这些葡萄酒都是法国葡萄酒中的优质产品，它的品质与所处地区、葡萄品种和加工技术有密切联系。这一认证体系在国际上得到广泛认可，大大提升了法国葡萄酒品牌的价值。

法国农业是欧盟农业产业化的代表，以粮食产业化、奶类产业化和酒类产业化为特色。法国酒庄旅游是用新型消费理念和消费渠道打造优质农产品品牌的一个典型案例。近年来，旅游形式由传统的观光游转向休闲游和体验游，法国葡萄酒酒庄抓住这一机遇，积极促进农产品品牌建设与特色旅游产业的融合，取得了明显的效果。

一直以来，法国葡萄酒的广告中都带有显著的田园风格，由此，全世界爱好葡萄酒的人士对酒庄附近优美的自然风光和酒庄内欧洲中世纪的独特风情充满了向往。也就是说，借助广告，法国酒商在宣传葡萄酒产品的同时也宣传了法国的田园旅游。与此同时，法国葡萄酒产地不失时机地举办各种葡萄酒文化节活动，将更多的葡萄酒消费者吸引到酒庄。于是，很多法国葡萄酒的消费者变成了游客，游客到法国酒庄旅游又带动了更多的葡萄酒销售，酒庄内的游客也具有了葡萄酒消费者的身份。这样的良性循环加强了葡萄酒的品牌宣传。

总的来说，通过成功的商业运作和品牌宣传，法国葡萄酒遍布全球的消费者兼具游客和消费者的双重身份（葡萄酒消费者－酒庄游客－葡萄酒消费者），从而形成了“广告宣传葡萄酒产品－葡萄酒产品吸引消费者到酒庄旅游－旅游促进葡萄酒产品销售”的良性循环。

日本对农产品区域品牌的建设、扶持与保护

纵观国外的农产品区域品牌发展，其成功离不开政府、协会及相关组织的政策支持和保护。例如，法国制定了专门的地理标志保护法规对农产品品牌进行保护，美国、德国主要通过证明商标或集体商标的形式

予以保护，日本将伪造、冒用地理标志的行为视为反不正当竞争法上的混淆行为进行约束和制裁，西班牙在专门立法的基础上又辅以针对地理标志的行政保护措施。

公开资料显示，日本政府组织成立了农产品及食品区域品牌化发展基金，无论是对农产品加工业的开发，还是商标的申请、样本的展示都给予一定比例的财政支持，其目标是在日本的25个地区支持农业品牌发展。

1. 日本农业品牌建设的途径和方法

日本的农业发展背景与我国非常相似，也是典型的小农经济国家。在过去几十年的发展历程中，日本农业品牌发展得十分成功，对我国具有重要的借鉴意义。

（1）加大扶持力度，设立产业协会。

日本对农业品牌建设的扶持是全方位的：第一，日本的农业区域品牌化发展战略不仅仅局限于产品，还包括生产、销售、质量控制等各个方面的品牌战略；第二，日本对农业品牌的扶持不仅限于当年的发展，而是对未来三年或五年发展的持续支持，同时还会对品牌发展给予建议和指导，包括律师招聘、制作或设计商的招聘、检测仪器的采购等；第三，为了使农业品牌建设扶持基金落到实处，做到专款专用，日本对每个类别的农产品分别设立扶持基金，比如日本对农产品加工业开发的扶持基金，专门用于对农产品加工业的扶持。

此外，为推动农业品牌建设，2007年日本成立了专门的产业协会，协会将各地的农产品区域品牌负责人全部纳入，通过协会会员的聚会或电子邮件的交流，促进区域品牌的协同发展。

（2）因地制宜、注重特色发展。

日本在农业发展过程中特别注重地区特色，因地制宜，充分发挥各个地区的优势。而各个地区都有各自特有的农产品，因此鼓励各个地区建立自己的农产品区域品牌。

1979年，日本“一村一品”运动鼓励各个地区以本地的资源条件为基础，打造本地独有的特色，创造本地独有的地方品牌。例如，山梨县打造山梨品牌、千叶县打造千叶品牌、静冈县打造静冈茶叶品牌。经过多年的发展，日本农产品百花齐放，农业品牌快速发展。

【案例 8-1】

大分县位于日本西南部，面积6337平方千米，由于境内山多地少，自然条件差，人口流失问题非常严重。再加上日本工业化、城市化发展加速，城乡之间差距不断扩大。20世纪70年代，该县知事平松守彦上任伊始，到县内各地视察，所到之处尽是诸如“我们村里没有资源”“我们没有学校”“道路条件太差”之类等叹息声。平松守彦认为，无论怎样抱怨都摆脱不了贫困，于是提出将一个村子或一个地区值得骄傲的东西，如已有的土特产品、旅游资源，哪怕是一首民谣，无论什么都行，开发成在全国乃至全世界都能叫得响的产品，这就是日本著名的“一村一品”运动的开端。

为扭转大分县农村人才短缺、资本外流、产业萎缩的局面，提高农村地区活力、振兴地域经济，1979年，大分县正式实施推广“一村一品”运动，该运动以“立足本地、放眼世界，独立自主、锐意创新，培养人才、面向未来”为基本理念，引导农民认识自我、发现自我，找到本地的闪光点，充分利用本地资源，开发生产具有本地特色、令人感到自豪的产品，并使这些产品走向国内外市场。

“一村一品”从某一特色资源出发，以某一区域为中心，因地制宜，打造出一种或几种具有地方特色的优质农产品，形成在一定区域具有最优效益的品牌农产品，并逐步扩展到全国。这一运动在广大民众的积极参与和政府的扶持下蓬勃发展，取得了巨大成功。

以大分县的“丰后牛”为例。大分县的丰后牛是日本和牛品种之一，肉质细腻多汁，脂肪均匀分布在瘦肉间，看上去如同冬天降下的美丽霜雪，故被称为“霜降牛肉”，被推崇为日本国宝级的食材，价格很贵，数量很少。

再以大分县马路村柚子为例。马路村四面高山环绕，村域面积的96%为山林，人口不足1000人，平均每平方千米只有6人。就是这样一个偏僻小村，通过发展村里唯一的特产柚子成为日本鼎鼎有名的富裕村，创造出一年2亿多元人民币的产值。

马路村山林茂密，水源无污染，所产柚子营养成分高，但由于外形不好一直无法作为水果投放市场。从1975年开始，马路村通过加工柚子果汁、果酱走上了快速发展的道路。为不断提高柚子产业的附加值，除食品外，马路村建立了一座以柚子加工废弃物为原料的化妆品工厂，通过与科研机构合作，已开发出柚子香皂、化妆水等系列产品。

不仅如此，马路村大力实施品牌化经营：一是统一广告、照片、海报甚至销售用的小册子；二是面向全球推出“特别村民制度”，通过持续的互动让参与申请的消费者们感到自己就是马路村的一员，从而提高了品牌的忠诚度。马路村每年接待观光客55000人左右，但是常年购买马路村产品的“铁杆粉丝”有61000人。

“一村一品”运动使日本大分县面貌发生了巨大变化，产生了良好的经济和社会效果，已发展成为生活安定、环境优美、经济发达的国际化城市。截至2017年，大分县已培育出具有当地特色的产品300多种，总产值达到10多亿美元，居民人均收入连续多年位于日本九州地区第一位，居全国前列。

“一村一品”运动是日本农业产业化的成功模式。在人多地少、自然资源紧张的情况下，日本通过开展“一村一品”运动，使每个村庄开发出具有地方特色的农产品，建设农产品区域品牌，并成功打入国内和国际市场。

随着“一村一品”运动的深入开展，其基本理念已逐步为许多国家和地区所认识和接受。在亚洲、非洲的一些发展中国家，“一村一品”已成为振兴地方经济、消除贫困和城乡差距的重要措施。

就我国而言，我国幅员辽阔，地理环境、气候环境差异大，因此每个地方都有自己的特色农产品。现实情况是，我国农业生产和经营跟风趋势明显，也就是说什么好卖种什么，什么好卖卖什么，今年种黄瓜，明年种西红柿，后年又种茄子……最后导致农产品没有特色，没有规模，没有品牌，没有竞争力，农产品积压，农民经济损失大，种地的积极性当然也不高。我国要重视农产品区域特色，鼓励各个地方因地制宜，生产具有地方特色的产品，打造属于本地的农产品区域品牌，不仅能够丰富农产品的多样性，提高农产品的竞争力，而且能够带给农民实实在在的经济效益。

（3）推行农产品品牌认证制度、完善农产品品牌体系。

日本通过农产品品牌认证制度将农产品品质可视化，为农产品品牌的推广和传播打下了坚实的基础。农产品品牌认证制度由农林水产省制定，在全日本推行。日本各县都有自己特定的认证品牌，比如山梨县为推动自己的山梨品牌，设立了特选农产品认证制度，该制度的制定由认证委员会测定品种、味道、鲜度、原创性和安全放心的要求。通过认证的农产品可使用统一的认证标志，这一做法大大提高了产品的知名度。

2. 日本农业生产和流通环节的标准化

以标准化程序打造农产品区域品牌是日本品牌农业的重要特点。日本农业生产以高度标准化为基础，农产品从新品种的选育，到播种、收获、加工、包装、销售都有一套严格的标准，这一过程也是严格质量管控的体现。

（1）日本农业生产标准化。

日本的农业生产标准化包含农产品生产环境、生产过程和工艺等方面。

首先是生产环境的标准化。例如，农田水利的标准化，要求安兆道路及坡面的绿化和建设标准等，关于道路坡面植被施工要领（1980）、设计要领（1985）等对坡面建设的坡度、形状、排水沟、不同地区种植的植被类型、种类等都有详尽的规定和标准。

其次是生产过程和工艺的标准化。日本农作物从新品种选育的区域试验、特性试验方法和方案，到品种育成后新品种的栽培技术工艺规程，以及农产品的收获加工贮藏方法等标准都非常具体。以牧草品种选育为例，不同种类牧草的育成品系必须在规定的试验地进行区域试验。为了明确育成品系的特性，使试验结果具有科学性、可比性，牧草育成品系除在指定的试验地进行区域试验外，还规定了新品系的特性鉴定标准和区域试验的实施调查标准。为了便于资料交流、试验数据的相互利用和计算机处理，对白三叶、紫花苜蓿、鸭茅、羊茅类、玉米等20多种牧草饲料作物制定了统一的种苗特性分类调查标准。所有的调查标准都规定了必须调查项目和参考调查项目，并对每个项目的记载标准都做了明确的规定。

（2）日本农产品流通环节标准化。

在农产品流通环节，日本也实施了严格的标准化。

日本所有农产品在进入市场前，都要按照一定的标准进行严格的筛选和分级，市场销售优级优价。除肉类以100克为计量单位外，蔬菜水果等大多以一定的数量为计量单位，鱼虾等则以条为计量单位。梨、苹果等多以只为计量单位，特别是高等级的，如1只价格多少，大白菜、包菜等是1棵或半棵售价多少，其他如青菜、韭菜、芹菜等则是1把（束）售价多少，没有以重量单位计价销售蔬菜水果的。这种情况下充分体现了优质优价。如1只LL级苹果的价格等同于数量多达几十到上百倍的等外级苹果的价格。而属于等外品的农产品不得进入市场销售，只能作为加工用原料。

3. 日本农产品区域品牌的保护措施

（1）制定农产品区域品牌保护的相关法律。

日本在《商标法》修订之前，如果要将地理描述性标志注册成商标，会面临诸多困难。为解决这一问题，日本在2005年对《商标法》进行了修订，明确规定地理描述性术语允许当作“区域集体商标”来进行注册，日本农协能够在法律许可的条件下申请区域集体商标。法律还规定，区域集体商标可以享有与其他传统商标相同的排他权利，农协会员依法享有根据该组织规定的规则自由使用商标的权利，农协自身也享有该商标的使用权，但是禁止转让给其他人。

日本制定了专门的《反不正当竞争法》，主要目的是防止地理标志的不正确使用或者误导性标示情况的发生。该法明确规定了不得在商品上、服务中或者交易文件中引用一些产地方面容易引人误解的表述。法律提供了两种救济方式，一种是禁令，一种是赔偿损失。如果产品或者服务的表述容易在产地问题上对公众造成误导，那么商业利益受损害的人可以根据这一法律寻求禁令去避免这一行为的发生，与此同时，也可以在民事诉讼中寻求损害赔偿。

此外，日本还出台了其他相关法律以对地理标志提供间接或者补充性的保护。作为《反不正当竞争法》的补充，日本出台了《反不正当补贴与误导表述法》，其中有禁止“不正确表述”农产品来源地的规定。在《海关关税法》中也明确规定，不得出现错误或者误导性地理标志的相关进口产品。

（2）组织成立农产品及食品产业协会。

早在2007年，日本就成立了农产品及食品产业协会，分为个人会员和团体会员两大部分，涵盖了区域品牌的主体负责人、政府官员、流通人员和支持团体负责人等。该产业协会的主要目标是号召尽可能多的支持区域品牌的人员参与其中，并进行信息提供和交流，最终实现区域品牌的持续健康发展。该产业协会的日常工作主要是通过会员聚会活动、学术研讨会和会员交流会来进行交流，部分情况下也利用网站和电子邮件来介绍产品。

作为日本地理标志的拥有者，农协对于日本农产品区域品牌制度的发展起着非常关键的作用。一方面，农协对于是否将品牌概念贯彻落实到生产、销售以及质量管理的全过程进行监督。以松阪牛为例，从其买入、饲养、出售的各个阶段均进行了独具特色的“三重县松阪市”管理。另一方面，农协为了在市场上获得声誉和维护优良的产品品质，使用统一的销售渠道。如日本带广川西农协就成立了统一的储藏以及配送机构，并要求该区域的农户只能将农产品发给该农协，以防止市场上出现相似的产品。

日本政府在推进农产品出口的同时，加强对农产品知识产权的保护。针对近年来一些海外企业以日本农产品品名、日本地名以及地区品牌等作为注册商标的现象，日本成立了农林水产知识产品保护协会，该协会创建的主要目的是防止日本农业品牌及地名被抢注。

发达国家品牌农业建设经验对我国的启示

欧美和日本等发达国家和地区在农业发展的不同环节、不同层次以及不同阶段综合运用技术、金融、税收和法律等手段管理、支持、推动和建设品牌农业，从而实现农业的现代化发展。借鉴发达国家在品牌农业建设方面的成功经验，对我国发展品牌农业具有重要的意义。

1. 品牌战略已成为世界各国参与农业全球竞争的国家战略

研究发现，主要发达国家都有完整的农业品牌战略和政策扶持体系。发达国家政府主要是通过财政、金融、科技、贸易政策及措施支持品牌企业、扩大品牌贸易。

例如，美国政府通过健全的法律体系给美国品牌提供了巨大的保障与发展空间，就保护本土品牌而言，对内有《购买美国产品法》，对外有著名的"301 条款"。《购买美国产品法》规定，美国联邦政府机构除特殊情况外，必须购买本国产品，工程和相关服务也必须由国内供应商提供。按照"301 条款"，美国可以对任何"损害了美国商业利益"的国家进行贸易制裁，从而为美国本土品牌提供最优厚的庇护条件。美国还通过财税金融政策，鼓励企业开展科研创新，以技术进步带动农业品牌的发展。

日本将品牌战略上升到国家战略的层面，以品牌树立日本的新形象。20 世纪 80 年代在日本兴起的"一村一品"运动，从制度和观念上带动了农产品品牌发展。日本在 2003 年出台了"日本品牌"战略，成立专门负责推行日本品牌战略的"知识产权战略本部"，实行"日本品牌发展支持事业"。

2. 建立完善的农业信息服务体系

美国、欧盟、日本等发达国家和地区十分重视农业信息服务，便于农民将生产销售与市场紧密联系起来，大幅提高农业生产率。农业发达国家和地区在财政支持下建立起现代农业信息化网络系统，而信息网络的有效运用又极大促进了品牌农业的发展。

早在 2010 年，美国的农场就有一半以上普及了电脑和互联网，各大电商平台也参与农产品销售。网络渠道的开通促进了农产品的交易，也增强了农业的品牌影响力。

在现代化农业信息服务系统的支持下，欧美发达国家开始发展精准农业，在农业生产、加工和销售等多个环节实现智慧化，大大提高了农产品的效率和质量，为农业品牌发展提供了重要的支撑。精准农业又称精确农业或精细农作。精准农业发源于美国，是以信息技术为支撑，采用 3S（GPS、GIS 和 RS）等高新技术与现代农业技术相结合，根据空间变异，定位、定时、定量地实施一整套现代化农事操作与管理的系统，是信息技术与农业生产全面结合的一种新型农业。精准农业可最大限度地提高农业生产力，是实现优质、高产、低耗和环保的可持续发展农业的有效途径。1993—1994 年，美国精准农业研究在明尼苏达州的两个农场中进行试验，试验让农产品产量提高了 30% 左右，同时减少了化肥的使用量。之后，美国把精准农业纳入国家战略。截至 2015 年，美国精准农业技术应用率已经超过 90%。

3. 高效率配置农业资源

美国先实现农业机械化，再转向农作物品种的改良及化肥的应用，通过生物化学化和信息化实现农业资源高效率配置；日本则先实现生物化学技术现代化，再将重点转到操作机械化、生产精确化，实现资源高效率配置；欧盟将良种化、生物化学化、水利化、机械化和信息化放在同等重要的地位，从而实现农业资源的高效率配置。

总的来说，美国、欧盟、日本通过对农业资源要素的优化配置，增加了农产品产量，改进了农产品品质，从而提高农业的品牌竞争力。

4. 建立严格的质量管理保证体系

欧美和日本虽然所处的地区不同、地理和自然环境有别、农业生产条件各异，但在发展品牌农业方面都有一个共同的特点，就是在农产品质量安全管理方面已经形成一套比较完整的法律法规体系、标准体系、管理体系和安全支持体系。

例如，美国建立了严格的农产品质量安全体系。

（1）美国农产品质量安全管理体系。

美国全国范围内或者跨州的农产品质量安全管理由联邦政府行使管辖权，各州内部的农产品质量安全监管工作由各州政府负责，各市、县则主要负责执行和落实州政府的要求。因此，美国的农产品质量安全管理的主体不仅包括联邦有关机构，还包括州和地方的有关单位，并且联邦与州、县之间在食品安全管理上没有谁领导谁的问题，只是分工不同。从国家层面看，涉及农产品质量安全管理职能的联邦机构有十多个，它们与州、县等地方政府密切合作，通过贯彻执行联邦法律法规以及各地方的法律法规，共同构筑了较为完善的美国农产品质量安全管理体系，确保了美国农产品具有很高的质量安全水平和很好的公众信任度。

（2）美国农产品质量安全法律体系。

目前，美国涉及食品安全的联邦法律有 35 部，其中涉及农产品质量安全监管的主要联邦法律有 7 部，分别是《联邦食品、药品和化妆品法》、《联邦肉类检查法》、《禽类产品检查法》、《蛋类产品检查法》、《食品质量保护法》、《公众健康服务法》和 2002 年出台的《公众健康安全和生物恐怖主义预防应对法》（简称《反恐法》）。《反恐法》将食品安全提高到国家安全战略高度，提出“实行从农场到餐桌的风险管理”。国家对食品安全实行强制性管理，要求企业必须建立产品可追溯制度）。

（3）美国农产品质量管理标准体系。

建立追溯制度、实现食品的可追溯是美国政府制定食品安全政策的关键之一。美国政府强调从“农田到餐桌”的全过程有效控制，其监管环节包括生产、收获、加工、包装、运输、贮藏和销售等；监管对象包括化肥、农药、饲料、包装材料、保鲜和贮藏方式、运输工具、食品标签等。为此，美国在农产品种植、养殖环节推行 GAP（良好农业管理规范）、在农产品加工环节重点采用 GMP（良好生产管理规范）和 HACCP（危害分析关键控制点，对食品中微生物、化学和物理危害进行安全控制）等相关标准。

HACCP 体系是国际上公认和接受的食品安全保证体系。20 世纪 70 年代以前，美国对农产品和食品的监管主要采用感官检查（标签）加终端产品检测的方式。随着世界食品工业的迅速发展，食品安全风险越来越大，而政府监管相对滞后。为了加强对食品生产的全过程监管，从 20 世纪 80 年代起，美国逐步推行 HACCP 管理。多年来，美国大力推行 GAP、GMP、HACCP 等“预防为主、全程监控”的食品安全管理理念和标准，有效地从源头控制产品质量安全。

我国应积极借鉴美国 GAP、GMP、HACCP 等管理标准体系，强化以预防为主的农产品质量安全全过程管理理念，结合我国生产规模小、经营相对分散、农业企业发育不成熟等基本国情，采取有效措施进行推广。

参考文献

Keller K L，Lehmann D R，2001. The Brand Value Chain：Linking Strategies and Financial Performance [D] . Hanover：Tuck School of Business，Dartmouth College.

Aaker，David A，1991. Managing Brand Equity：Capitalizing on the Value of a Brand Name [M] . New York：Free Press.

蔡苑乔，2010. 日本农产品质量安全管理概况及启示 [J] . 广东科技（4）.

常国山，2009. 地方特色农产品区域品牌建设策略探索 [J] . 梧州学院学报（5）.

陈思，2015. 登记一个保护一个发展一个——农产品地理标志保护后平均产品价格提高 20% ～ 30% [N] . 农民日报，2015-08-08.

陈新生，2019. 首个全国性“盒品牌”诞生 背后是盒马对新农业的野望 [EB/OL] .（2019-08-12）[2021-08-10] . http://www.linkshop.com.cn/web/archives/2019/430309.shtml.

陈丽妮，2015. 浅议农产品质量安全标准化体系建设 [J] . 农产品加工（4）.

崔剑峰，2019. 发达国家农产品品牌建设的做法及对我国的启示 [J]. 经济纵横（10）.

崔明理，2017. 讲好农产品包装语言 [J] . 农产品市场周刊（12）.

刁丽娜，2012. 论品牌忠诚度［J］. 信阳农业高等专科学校学报（3）.

冯琼，王宏宇，2011. 浅谈品牌资产“无形”中的“有形”［J］. 今传媒（5）.

费威，2020. 探寻我国农产品区域品牌标准化建设有效路径［N］. 经济日报，2020-03-16.

“涪陵榨菜”：子品牌的突围战［N］. 农民日报，2013-05-06.

顾瑛，2002. 农产品名牌战略与农业产业化结合初探［J］. 农业经济（9）：24.

郭育妮，饶佳宁，2017. 云南白药品牌差异化战略及对传统企业的启示［J］. 现代商贸工业（13）.

郝星光，2014. 产品包装在市场营销中的作用［EB/OL］.（2014-06-11）［2021-08-11］. http://www.emkt.com.cn/article/162/16242.html.

何增武，2019. 当地特色农产品区域品牌建设策略探究［J］. 南方农业（2）.

胡晓云，2016. 打造区域公用品牌［N］. 吉林日报，2016-08-13.

蒋廉雄，朱辉煌，卢泰宏，2005. 区域竞争的新战略：基于协同的区域品牌资产构建［J］. 中国软科学（11）.

李敏，2009. 美欧日实施农产品品牌战略的经验研究［J］. 农业质量标准（4）.

李易玲，王爱敏，2018. 农产品区域公用品牌推广效果提升策略研究［J］. 现代市场营销，8（4）：25-31.

刘毅菲，2018. 农产品品牌推广的主要方式和成功要领［J］. 科技经济导刊，26（19）.

鲁庸兴，2016. 特色农产品如何找“卖点”［J］. 农家参谋（10）.

罗静，2018. 农产品品牌自主知识产权法律保护现状及对策［J］. 乡村科技（24）.

罗尹，邵明亮，2018. 资中血橙：一只果缘何撬动大产业？［N］. 川报观察，2018-07-11.

毛雅坤,2017. 交互式包装设计理念与应用——以“褚橙”为例［J］. 艺术教育（13）: 185-186.

邱爱梅，2014. 提升茶叶区域品牌资产的策略研究［J］. 科技展望（18）.

邱琪，2010. 关于农产品品牌名称评价的探讨——以黑龙江农产品品牌为例［J］. 现代商业（21）.

施璐敏，王哲跃，2018. “丽水山耕”农产品区域公用品牌的建设路径研究［J］. 丽水学院报，40（6）.

孙一敏,2015. 小议日本农产品品牌建设的研究与对中国的启示［J］. 才智杂志（26）.

谭金芳，邓俊锋，胡明忠，等，2016. 论法国发展现代农业的经验与启示［J］. 河南工业大学学报（社会科学版）(2）.

王国华，2016. 日本农产品地理标志保护制度构建及影响研究［J］. 世界农业（6）.

王欲鸣，2006. “一村一品”：日本农业产业化的成功模式［N］. 农民日报，2006-01-04.

王嘉，2016. 大兴西瓜：有底蕴的知名品牌［N］. 中国质量报，2016-06-30.

王敏，2006. 美国农产品质量安全管理的考察与启示［J］. 农业质量标准（1）.

王洁蓉，何蒲明，周超军，等，2017. 我国农业信息化研究综述［J］. 长江大学学报（自科版），14（2）: 75-79.

王丽杰，2014. 日本农产品区域品牌保护制度分析［J］. 世界农业（11）.

魏春丽，2014. 低成本提升农产品区域公用品牌溢价策略分析［J］. 浙江农业科学（6）.

谢天怡，张杰，刘倩昆，2008.“井冈山”区域农产品公用品牌建设的形象符号设计研究［J］.南方农业，12（32）.

徐凌峰，2018.如何打造农产品区域公用品牌［J］.新农业（20）.

徐伊莹，2015.苏州地区农产品区域品牌建设问题探究［J］.时代经贸（1）.

杨江帆，2010.中国茶产业研究报告（2010）［M］.北京，社会科学文献出版社.

杨阳，邓楚楚，戴俊，2018.新媒体时代农产品区域品牌传播策略研究——以“靖州杨梅”为例［J］.东方企业文化（S2）.

于锦荣，宋颖，2008.农产品营销的广告策略创新研究［J］.商场现代化（24）.

张兴旺，2014.评估农产品品牌忠诚度的4个简单有效的方法［N］.农民日报，2014-05-17.

张磊磊，王华丽，李连涛，等，2015.发达国家农业信息化促进农民增收对中国的启示［J］.天津农业科学，21（10）：54-57.

曾衍德，2019.我国“一村一品”发展情况及方向［N］.南方都市报，2019-10-21.

周荣荣，2003.美国农产品质量安全控制管理体系的考察与思考［J］.农业技术经济（4）.

中国茶叶区域公用品牌价值评估课题组，2010. 2010中国茶叶区域公用品牌价值评估报告［J］.中国茶叶（3）：4.